A PODEROSA NOSSA SENHORA DESATADORA DOS NÓS

Dos mesmos autores:

Suzel Frem Bourgerie
- Vitória na gestação (5ª edição)
- O rosário da terceira idade (4ª edição)
- CD de cura interior (25 mil exemplares)
- Papai, mamãe, ensinem-me a rezar
- São Peregrino, servidor de Maria (2ª edição)
- Novena infalível a Maria Desatadora dos Nós (600 mil exemplares; disponível também em espanhol, francês, inglês, ucraniano, alemão, italiano, holandês, polonês, árabe, russo e braile)
- Cura interior com Maria Desatadora dos Nós (200 mil exemplares)
- É tempo da graça (6ª edição)

Denis Bourgerie
- 20 razões porque eu sou católico (8ª edição)
- Des ciels d'Amazonie aux berges de l'éternité (Paris: Édition de l'Harmattan)
- Se as Testemunhas de Jeová baterem à sua porta (3ª edição)
- A armadura do cristão (CD)

Denis e Suzel Bourgerie
- Glorioso encontro (23ª edição; disponível também em francês, alemão e inglês)
- Maria, passa na frente! (61ª edição; disponível também em francês, italiano, inglês, alemão e espanhol)

Obras publicadas por:

Edições Logos
Caixa postal 5680, Campinas/SP, 13091-970
Rua 1º de Março, 143, Jd. Guanabara, Campinas/SP, 13075-250
Fone/fax: (19) 3242-3211 / 3243-0447
www.edicoeslogos.com.br
denis@mariadesatadoradosnos.com.br

SUZEL BOURGERIE e DENIS BOURGERIE

A PODEROSA
NOSSA SENHORA DESATADORA DOS NÓS

2ª edição

Rio de Janeiro-RJ / Campinas-SP, 2011

VERUS
editora

Editora: Raïssa Castro
Coordenadora Editorial: Ana Paula Gomes
Copidesque: Ana Paula Gomes
Revisão: Anna Carolina G. de Souza
Capa: Flávio Morin
Projeto Gráfico: André S. Tavares da Silva e Flávio Morin
Fotos Nossa Senhora Desatadora dos Nós: Amaury Simões
Quadro: Rogério W. dos Santos - Direitos de uso cedidos a Edições Logos

ISBN: 978-85-7686-142-3

Verus Editora Ltda. Rua Benedicto Aristides Ribeiro, 55, Jd. Santa Genebra II, Campinas/SP - 13084-753 | Fone/Fax: (19) 3249-0001 | www.veruseditora.com.br

CIP-BRASIL. CATALOGAÇÃO NA FONTE
SINDICATO NACIONAL DOS EDITORES DE LIVROS, RJ

B778p
2ª ed.

Bourgerie, Denis
A poderosa Nossa Senhora Desatadora dos Nós / Denis Bourgerie, Suzel Bourgerie. - 2ª ed. - Campinas, SP : Verus, 2011.
23 cm

ISBN 978-85-7686-142-3

1. Maria, Virgem, Santa. 2. Desatadora dos Nós, Nossa Senhora - Livro de oração e devoção. 3. Vida espiritual - Igreja Católica. I. Bourgerie, Suzel. II. Título.

11-4044 CDD: 232.91
CDU: 27-312.47

Revisado conforme o novo acordo ortográfico

Sumário

Introdução

NOSSA SENHORA DESATADORA DOS NÓS EM MINHA VIDA

Impactante! Eu não parecia estar neste mundo. A cena que vivi naquele momento me paralisou. Eu estava em pé diante Dela, imóvel, fitando a mais bela e formosa de todas as mulheres. Não tinha nada a dizer, porque estava fascinado por Ela, pela fita que Ela tinha nas mãos e a mensagem ali revelada.

O que significaria aquela fita? Pedi explicações a uma pessoa ao meu lado, que me respondeu: "A fita é a sua vida, que tem nós, e a Virgem Mãe está mostrando que pode desatá-los!"

Naquele momento, vi minha vida nas mãos Dela e senti que um dia seria chamado a mostrar ao Senhor a fita da minha vida. Não somente um trecho, mas ela inteira, por completo, de ponta a ponta, sem esconder nada. Sim, mostrar a fita da minha vida desde o primeiro sopro até o último. Mostrarei a Deus o que fiz da vida que Ele me emprestou, desfazendo o rolo em que está gravado tudo que fiz, disse, pensei e deixei de fazer...

A fita da minha vida, sem sombra de dúvida, será examinada meticulosamente à luz divina. Misericórdia, Senhor! E então a misericórdia se faz quando Ele permite que a Virgem Maria, minha Mãe, tome em Suas mãos a fita da minha vida e, com a dedicação de uma Mãe apaixonada ao extremo, passe serena e poderosamente a desatar os nós que nela existem, tornando-a verdadeiramente digna.

Meu olhar passou da contemplação de Sua face ao emaranhado de nós que carrego. Confesso que sempre amei Nossa Senhora, à qual fui consagrado com um mês de vida, na Igreja Notre-Dame de Paris, na França, levado por minha mãe, Jeanne. Já tinha visto muitas imagens e estátuas da Virgem Mãe de Deus, em diversos países, porque sempre entrei com prazer em igrejas, sobretudo nas mariais, mas nunca havia contemplado algo semelhante.

Que esplendor ver a santíssima Virgem Mãe de Deus trabalhando com humildade e afinco indescritíveis por todos aqueles que se dirigem a Ela e Lhe entregam os nós de sua vida. E assim vi meus nós se desenrolarem sob Seus olhos, aplicados a desatar tanto os meus como os daqueles que, a Seus pés, suplicam por ajuda. Naquele momento, minha vida passou diante de mim como um filme...

Como piloto que fui, eu me perguntava, ali diante Dela, como minhas licenças para pilotar avião e helicóptero e minhas milhares de horas de voo poderiam ter me ajudado a entrar naquele céu que eu riscava. Tive uma vida plena de aventuras pelo mundo, amava os riscos, e ali percebi que nunca me arriscara verdadeiramente por Ela. Das dunas do Saara ao tapete verde da selva amazônica ou ao branco da neve do Canadá, nada me detinha quando se tratava da paixão pela aviação. Agora eu estava ali, diante de Maria, sentindo que Ela desatava os nós que eu carregava desse meu passado. Creio ter sido naquele momento que Ela verdadeiramente atou meu coração ao Dela.

Quando encontrei Nossa Senhora Desatadora dos Nós, eu já havia abandonado a aviação, exercia outra profissão, morava no Brasil e havia construído uma capela dedicada a Maria Porta do Céu, pois havia sido ungido pelo bálsamo derramado de Seu ícone no Canadá.

Localizada em Campinas (SP), essa capela começou, dia após dia, a ficar repleta de fiéis, porque as missas, as homilias, os cantos gregorianos, a liturgia eram extremamente belos. De repente, comecei a perceber crianças, jovens, idosos nos jardins, e a comunhão era dada até na rua durante as missas, porque não havia mais lugar para acolher tantas pessoas dentro da capela. Isso me doía a alma profundamente.

O que fazer? Não havia meios de ampliar a capela. Eu tinha no peito um grande nó a desatar. Foi quando encontrei Nossa Senhora Desatadora dos Nós. Diante Dela, entreguei-me por completo em Suas mãos, meu passado, meu presente e meu futuro, particularmente aquele nó que carregava no peito. Pedi a Ela que ampliasse de alguma forma a capela, que atraía centenas de pessoas a Seu Filho, Jesus.

Depois desse encontro inesquecível que tive com minha Mãe, Nossa Senhora Desatadora dos Nós, voltei ao Brasil e minha vida nunca mais foi a mesma. Alguns meses se passaram, até que um dia, em Campinas, fui procurado por uma senhora que frequentava a capela. Ela me perguntou se eu estava interessado em comprar uma imensa boate, a maior da região, que fora erguida em frente à capela aproximadamente dois anos antes. Essa senhora era a esposa do proprietário.

A boate era um grande nó a desatar para nós, porque, antes do início das missas, pela manhã, diariamente eu recolhia, espalhadas pelo jardim da capela, dezenas de garrafas de bebida, além de seringas e preservativos. O preço dessa boate era extremamente alto, principalmente porque não tínhamos dinheiro algum. Sem dinheiro, como levar adiante as negociações? Não era possível!

Eu disse àquela senhora que fecharíamos negócio se o marido dela nos oferecesse a boate de graça, porque não tínhamos a possibilidade de comprá-la. Ela respondeu: "Meu marido nunca aceitará doar a boate a vocês!"

As conversas foram concluídas e os meses se passaram... Muitos compradores tentaram, sem sucesso, adquiri-la. Na verdade, era Nossa Senhora Desatadora dos Nós quem estava cuidando das negociações. Depois de oito meses, voltamos a conversar com o dono e conseguimos comprar a boate no dia 8 de março. Recebi o recado do céu, porque o dia 8 de cada mês é dedicado à Virgem, e em 8 de dezembro se festeja o Dia de Nossa Senhora Desatadora dos Nós. Compramos, sem dinheiro, em muitas prestações, um templo imenso consagrado ao prazer, mas com a certeza de que Ela não falharia conosco, porque já tinha desatado esse nó no céu e na terra.

Como esquecer a primeira vez em que entrei naquele lugar? Absolutamente impossível não me lembrar das gaiolas de ferro suspensas, onde mulheres dançavam a noite toda. O primeiro trabalho foi descer as gaiolas e destruí-las. Depois, dezoito caminhões de terra foram necessários para preencher a pista de dança. No primeiro andar, destruímos os camarotes de vidro preto, que escondiam as pessoas que antes alimentavam a privacidade de seus vícios. Desmanchamos um balcão gigantesco, que era o bar.

Desse lugar fizemos finalmente, conduzidos por Nossa Senhora Desatadora dos Nós, um Santuário magnífico, derrubando as paredes, remodelando, reconstruindo, embelezando... e continuamos fazendo isso até hoje. E a grande festa mudou de endereço. O arquiteto que construiu aquela boate, inspirado no estilo greco-romano, não sabia que de fato estava construindo a estrutura de uma igreja excepcional. Que ele seja abençoado por isso! Modificar uma boate para transformá-la em igreja não me incomodou, porque inumeráveis templos pagãos, tanto na França quanto na Itália, foram transformados em igrejas.

Outro milagre é que essa gigantesca boate, que se transformou em um gigantesco Santuário, começou a encher, encher, e hoje começa a ficar pequeno para tantos fiéis. São cerca de 3.500 pessoas em cada missa, de segunda a segunda. Assim, o plano de amor de Nossa Senhora Desatadora dos Nós continua a se concretizar dia a dia, porque ali visitam fiéis de todo o Brasil, mesmo dos estados mais remotos, e também peregrinos da França, do Canadá, da Suíça... Os muros do Santuário estão cobertos de ponta a ponta com faixas espontâneas de agradecimento por graças recebidas, mescladas entre as flores de primavera.

Fiz isso para Ti, Mãe, depositando a argila de minha vida em tuas mãos, naquele dia em que Te descobri, porque experimentei e sei como são fortes, inabaláveis e poderosos Teu amor e Tua intercessão, e que o coração adorável do Teu Filho não te nega nada.

Através do sim de minha vida, nunca me neguei a Te levar pelo mundo e a testemunhar o Teu poder de desatar os nós de nossa vida. Por Ti vou à África, às Américas, à Europa, à Ásia, aonde me chamares. Minha maior aventura hoje é ir para onde me levares. Minha paixão é descobrir o tamanho da Tua paixão por mim, Teu soldado, Teu amigo, Teu filho. E a paixão que tens pelos meus irmãos.

Denis Bourgerie
Fundador do Santuário
Nossa Senhora Desatadora dos Nós

1

MEU ENCONTRO COM NOSSA SENHORA DESATADORA DOS NÓS

Rejubila-te, poço de alegria inesgotável
Rejubila-te, levas em Ti o Guia dos perdidos
Rejubila-te, estrela que anuncia o Sol
Rejubila-te, coluna de fogo que nos conduz na noite!

HINO ACATISTA

O Senhor Jesus nos ama com tal amor, de forma tão plena, Suas entranhas são tão cheias de misericórdia por nós, que não há fendas que possam fazer diminuir tamanha paixão. Ele é inteiramente para você, para mim, para todo aquele que O procura. Por essa razão, se fôssemos voltar nossos olhos para contar os bens visíveis (e os invisíveis), as gentilezas de Jesus, as respostas às nossas súplicas, que Ele já nos concedeu por amor, se conseguíssemos fazer isso, ficaríamos perplexos e constrangidos.

Sim, o amor de Deus nos constrange, porque nunca nos decepciona, nunca nos abandona, não engana nem se deixa enganar, nunca nos permite sair de Sua presença de mãos vazias. Para saber isso, é preciso fazer a experiência de caminhar até a fonte e provar quão doce e suave é o Senhor.

Davi, depois de ter escapado da morte, experimenta esse amor e se expressa em uma prece humilde e belíssima, dizendo:

Vós convertestes o meu pranto em prazer... (Sl 29,12).

Depois completa:

Todas as minhas fontes se acham em ti (Sl 86,7).

O amor de Deus é tão grande que diante dele nos sentimos pequenos demais e não merecedores, pela nossa fragilidade pecadora. Por outro lado, ele nos eleva ao paraíso, porque nos plenifica, nos sacia por inteiro, nos faz sentir como filhos muito amados, especiais, únicos, quando abrimos o coração e aceitamos esse amor com humildade.

A compaixão de um homem concerne ao seu próximo, mas a misericórdia divina estende-se sobre todo ser vivo (Eclo 18,12).

Quem não deseja ver seu pranto transformado em dança, em alegria? Jesus pode fazer essa gentileza extraordinária por você, como fez por Davi.

Quando passamos por momentos dolorosos na vida, nossa dor dói tanto no coração divino que Ele se move transfixado em nossa direção para nos curar com o bálsamo da Sua misericórdia. Nessa hora sagrada, quando Ele nos toca, quando O temos, nos tornamos plenos, grandes, ricos, porque experimentamos a grandeza do Seu amor no mais profundo do nosso ser. É isso que nos sacia a alma. Por essa razão disse Santo Agostinho, depois de ter experimentado todos os prazeres que o mundo tem a oferecer: "Tu, Senhor, nos fizeste para Ti, e inquieto está nosso coração enquanto não repousa em Ti".*

A vida toda de Jesus, enquanto Ele esteve entre os homens, pode ser resumida nestas palavras: "Amo-te!" E como precisamos desse amor...

---

* Das conferências de Santo Agostinho, coll. Super "Credo in Deum": Opuscula theologica 2. Taurini, 1954, pp. 216-17.

Em cada acontecimento da nossa vida, em cada relacionamento, Ele estava querendo nos dizer: "Amo-te!"

Ele viveu toda Sua vida na terra tentando mostrar o tamanho, a altura, a profundidade, a largura desse amor, e no fim nos provou que esse amor não tem medidas.

Seu coração está inquieto? A razão é que, nesta vida, ninguém pode contentar perfeitamente seu desejo, criatura alguma pode compreender seus anseios e, em sua solidão, não há quem console você plenamente, sacie, reerga, a não ser o amor de Cristo. Procure-O e descubra as maravilhas que acontecerão em sua vida. Como é bom e agradável repousar nas macias e aquecidas almofadas do coração de Jesus!

Provas do Seu amor não faltaram enquanto se fez homem e Deus: Ele curou toda espécie de enfermidades, libertou os acorrentados pelos vícios e tentações, alimentou os famintos de pão e de amor, deu vida nova aos abatidos, aos mortos, anunciou um tempo de graça do Senhor Deus para aqueles que crerem Nele.

Depois, chegou a hora de partir. Para o homem, esse tempo tem que ser respeitado, porque tem um valor, um sentido extraordinário, e é preciso descobrir isso. É o tempo das últimas permutas na vida, de resolver o que ainda não foi resolvido, de dar o que ainda não foi dado. É o tempo de fechar o círculo!

O que aconteceu com Jesus nesse momento? Ele fechou o círculo da Sua vida na terra, dando a cada um dos Seus o Espírito Santo e o que teve de mais precioso:

Eis aí tua mãe (Jo 19,27).

Só a partir de então pôde dizer, mergulhado no maior e mais esplêndido de todos os abandonos, nos braços do Pai, com o coração aberto como uma implosão de amor:

Tudo está consumado (Jo 19,30).

Desse momento em diante, o céu nos revelou que, não sendo órfãos de Pai, também não o somos de Mãe, porque o amor de Deus é perfeito.

No testamento de Jesus, Ele escreveu no livro da vida: "Minha Mãe será também a tua, para sempre!" Concebida sem pecado, Ela é imbatível na luta contra todo o mal. Cheia do Espírito Santo, é a coragem invisível dos mártires e dos atletas de Cristo. Carregando a paz no ventre e na alma, tornou-se o porto seguro para nós, marinheiros desta vida. Recebendo o manto de Rainha, transformou-se em abrigo para os que estão nus, desprotegidos, sem amor. Essa é a sua Mãe, que espera ser levada por você, como fez São João um dia, a fim de enriquecer a pobre casa da sua alma e a sua vida.

"Oh, como tremem os demônios só de ouvir pronunciar o nome de Maria", diz São Bernardo.* E o que nos diz nossa santa Mãe? "O Espírito Santo encheu-me de toda doçura e tornou-me tão cara a Deus que, quantos por meu intermédio pedem graças a Deus, todos certamente as obtêm!"**

Ó Virgem Mãe santíssima,
Rejubila-te, pois carregas Aquele que carrega tudo
Rejubila-te, de ti correm o leite e o mel
Rejubila-te, graças a ti Eva não chora mais
Rejubila-te, começo dos milagres de Cristo!

HINO ACATISTA

---

* Santo Afonso Maria de Ligório, *Glórias de Maria*. Campinas: Edições Logos, capítulo IV.

** Palavras da Virgem a Santa Matilde. Santo Afonso Maria de Ligório, *Glórias de Maria*. Campinas: Edições Logos.

"Ave Maria, cheia de graça, o Senhor é contigo!" O que poderá ser mais sublime que a graça de ter consigo o Senhor Deus? Deus vem Dela! Como poderia Ele não reconhecer a Sua superioridade? Os caminhos se abrem e o Filho, feliz, deixa a Mãe passar, silencia sorrindo para escutar a Sua voz. Que ternura deve existir entre essa Mãe e Seu Filho! Você já se perguntou o que Ela, sendo Mãe de Deus e também nossa Mãe, não fará junto a esse Deus por nós, quando Lhe suplicarmos alguma graça?

"Bendita entre as mulheres", imaculada, invencível, pôde transformar a maldição de Eva – que excluiu Deus da própria vida, arrastando consigo toda a humanidade – em bênção divina para todos os Seus filhos e filhas e para o universo inteiro.

Meditando nas virtudes da Virgem Maria e venerando-as, Santo Irineu, bispo de Lyon e mártir no ano 202, teceu um paralelismo entre Eva e a santíssima Mãe de Deus, afirmando: "Eva, por sua desobediência, atou o nó da desgraça para o gênero humano; ao contrário, Maria, por sua obediência, o desatou".

Dando o seu "sim" a Deus, a sua concordância para que se realizasse o plano de amor de Deus pelos homens, a Virgem Maria subjugou os demônios que querem ver cada um de nós acorrentados no abismo das derrotas. Recebeu em Suas mãos, do Cristo ressuscitado, a vitória sobre toda espécie de mal, de aniquilamento, disponibilizando-a, como Mãe, a todos que, necessitando, a Ela recorrem.

Ah, o que não podem fazer as mãos de nossa Mãe Maria... As mãos que embalaram um menino, o único Salvador dos homens, na manjedoura de Belém, ao lado de burros, bois e ovelhas... As mãos que acariciaram, por tantas noites, o rosto do mais belo dos filhos, do próprio Deus... As mãos que carregaram junto ao peito o corpo desse Filho morto, com o coração transpassado... As mãos de Rainha que se entrelaçaram finalmente, para sempre, com as mãos vitoriosas do Rei... Essas mãos que carregam a vitória são as mesmas que vêm hoje desatar os nós que nos acorrentam, nos afastam da verdadeira alegria, nos fazendo sentir tão infelizes, derrotados(as), invadidos(as) pelo desânimo e pelo fracasso. Ela vem para desatar os nós que nos atam, nos paralisam o corpo e a alma, a fim de resgatar em nós a dignidade de filhos(as) muito amados(as) de Deus.

Ao nos ver atados(as), infelizes e tão sós, incapacitados(as) para sair do emaranhado de nós que existem em nossa vida, o coração da Mãe se compadece, e essa compaixão move Suas mãos e a faz tomar esses nós para Si. Fonte de toda clemência, impulsionada pelo Espírito Santo, como Mãe, a sempre servir, Nossa Senhora passa a desatar nó por nó da sua vida quando você recorre a Ela. Doadora dos tesouros do céu, Ela lhe concede as graças necessárias para que você possa, sem nós, passar a viver plenamente e em paz.

Às vezes há situações tão complicadas em nossa vida que o céu precisa intervir para nos ajudar, porque a solução só vem por graça divina. Ao olharmos para nossa vida e a vida daqueles que nos rodeiam, perguntamos: Haverá alguém que não tenha algum nó a desatar? Crianças, jovens ou velhos, ricos ou pobres, casados ou solteiros, homens ou mulheres, todos temos nós que precisam ser desatados.

Mas que nós são esses? Tudo que causa sofrimento em nossa vida, que está amarrado, não resolvido, acorrentado pelo vício das fraquezas; aquilo que é fonte de angústia, tristeza, depressão; toda espécie de enfermidade e desesperança. Os nós da discórdia em família, do desentendimento entre pais e filhos, da violência, da cólera, dos rancores que surgem ao longo da vida, da falta de paz, da aflição de ter um filho drogado; o nó da culpa, dos medos, da inveja... Enfim, os nós que impedem a glória de Deus de brilhar em nossa vida. Fomos feitos para a dignidade e para trilhar a vida de pé, não como mendigos sentados à beira do caminho.

Por isso, Mãe santíssima, a Ti, que desata meus nós, quero cantar:

Rejubila-te, escada pela qual Deus desce
Rejubila-te, deste nascimento à Luz
Rejubila-te, campo de abundantes misericórdias
Rejubila-te, através de Ti somos revestidos de glória.

HINO ACATISTA

Então, o que você está esperando? Você ganhou um prêmio de valor inestimável. Tome posse do que é seu. Venha conhecer a grandeza e o amor de sua Mãe, Nossa Senhora Desatadora dos Nós, e começará a perceber verdadeiramente a glória de Deus brilhar em sua vida.

Aproxime-se Dela. Veja como é bela! Ao contemplá-La, você descobrirá que não está mais sozinho(a) e poderá contar com Sua companhia até a eternidade. Diante Dela, impulsionado(a) pelos anjos, não retenha mais consigo seus nós. Entregue-os em Suas santas mãos para ser desatados. E, a partir desse momento, tudo mudará!

MEDITAÇÃO DO QUADRO DE NOSSA SENHORA DESATADORA DOS NÓS

A santíssima Virgem Maria, Nossa Senhora Desatadora dos Nós, foi retratada de forma extraordinariamente bela por um pintor desconhecido, e seu quadro encontra-se na Igreja de St. Peter am Perlach, na cidade de Augsburg, na Alemanha, desde o ano de 1700. O pintor se inspirou na meditação de Santo Irineu sobre o poder da Virgem Maria de desatar os nós de nossa vida, e a partir daí surgiu a devoção a Nossa Senhora Desatadora dos Nós, que se perpetua até hoje com grande força e poder.

Santo Irineu afirmou: "Eva, por sua desobediência, atou o nó da desgraça para o gênero humano; ao contrário, Maria, por sua obediência, o desatou".* Assim, neste momento, silencie todo o tumulto que lhe vai na alma. As preocupações, a ansiedade, o barulho a sua volta, os ruídos exteriores e interiores. Deixe tudo isso de lado agora. Acalme seus pensamentos, relaxe a tensão de seu corpo e deixe-se levar pelas mãos da Virgem Maria, sua Mãe, para percorrer com Ela um caminho novo, que lhe mostrará como se processa no céu o milagre que você está há tanto tempo esperando receber.

Nossa Senhora Desatadora dos Nós quer que você veja com os olhos da sua alma, a fim de não desanimar, não abandonar o combate e crer com todas as suas forças que Ela pode desatar os nós de sua vida. E assim um novo dia se erguerá! Observando cada detalhe da pintura de Nossa Senhora Desatadora dos Nós, medite em sua vida e apodere-se da graça divina.

Esse quadro não é somente uma bela pintura a ser vista, como outras, em um museu. Ele deve ser contemplado muito além dos olhos, com o coração, a alma, porque carrega a força das promessas de Deus e é uma declaração de amor para o seu coração!

Em cada detalhe, você vai descobrir como Nossa Senhora Desatadora dos Nós desata os seus nós, trazendo consigo a corte celeste, Seus anjos colaboradores, agindo sob a força e o poder do Espírito Santo,

---

* Irineu de Lyon, *Contre les hérésies (dénonciation et réfutation de la gnose au nom menteur, livre III: Le nouvel Adam et la nouvelle Eve*. "Car, de même qu'Eve ..., devint cause de mort pour elle-même et pour tout le genre humain, de même Marie, ... devint, en obéissant, cause de salut pour elle-même et pour tout le genre humain. Ainsi également le nœud de la désobéissance d'Eve a été dénoué par l'obéissance de Marie, car ce que Eve avait lié par son incrédulité, la Vierge Marie l'a délié par sa foi."

e assim você vai se deslumbrar. Nele nos é dada a oportunidade de ler uma carta de amor da Mãe para um(a) filho(a)! E esse(a) filho(a) é você!

Ao contemplarmos nesse quadro a santíssima Virgem Maria, Nossa Senhora Desatadora dos Nós, vemos que Ela surge, conforme São João nos relata, como:

> *... um grande sinal no céu: uma Mulher revestida do sol, a lua debaixo dos seus pés e na cabeça uma coroa de doze estrelas* (Ap 12,1).

Sim, a Virgem Maria quer vir como um grande sinal do céu em seu socorro, porque é sua Mãe e Rainha da misericórdia. Sua intercessão no céu continua sem cessar por você, e Sua materna caridade cuida mais do que nunca dos(as) filhos(as) que estão rodeados(as) de perigos e atados(as) de nós sob o laço do Maligno.

Mãe do sol nascente, imaculada, advogada nossa, auxiliadora nos momentos de aflição, Mãe de Deus e feita por Ele nossa Mãe, eis como se apresenta Nossa Senhora Desatadora dos Nós. Acima de tudo, porém, Ela vem como Rainha da misericórdia, que tudo vê a seu respeito, se compadece e se apressa em socorrê-lo(a), rogando por você a Seu querido Jesus. É possível que o Senhor deixe de atendê-La?

Bem-aventurados aqueles que vivem sob a proteção de uma Mãe tão amorosa a Seus filhos e poderosa perante Deus! Por isso, não tenha medo, porque seu pedido não se perderá. Coloque seu nó nas mãos de Maria, sua Mãe. O que você está esperando?

> *Suas mãos são argolas de ouro incrustadas de pedrarias* (Ct 5,14).

"Viu-a São João revestida de sol. Pois, assim como não há na terra quem se possa esconder do calor do sol, assim também nela não há

vivente que seja privado do amor de Maria", disse o Abade de Celes.*
Não despreze esse amor. Vá em busca dele!

A cabeça adornada

Observe que, no quadro, Nossa Senhora Desatadora dos Nós tem a cabeça adornada por uma coroa de doze estrelas, o número dos apóstolos, a quem muito amou e para quem foi, após a partida de Jesus, mestra nas dúvidas, consoladora nas angústias e fortaleza nas perseguições. Foi acima de tudo, porém, Mãe, assumindo assim, pela vontade do Filho, ser Mãe do povo de Deus e Mãe da Igreja.

O manto azul

Nossa Senhora Desatadora dos Nós veste um manto azul, que parece estar em movimento e representa o manto de glória que reveste a Rainha do céu, que viveu na terra como serva humilde, pobre e totalmente despojada. A Ela foi dado receber do Rei a glória de

* Raimundo Jordão, agostiniano; chamava-se por humildade o Idiota; Abade de Celes em 1381. Santo Afonso Maria de Ligório, *Glórias de Maria*. Campinas: Edições Logos.

Rainha do universo. Ao vê-La tão bela e gloriosa, perguntam os anjos do céu:

Quem é esta que surge como a aurora, bela como a lua, brilhante como o sol, temível como um exército em ordem de batalha? (Ct 6,10).

E toda a corte celeste, em hinos de louvor e júbilo, A bendiz com mais razão do que os hebreus a Judite, os quais disseram:

Tu és a glória de Jerusalém, tu és a alegria de Israel, tu és a honra de nosso povo (Jt 15,10).

Este manto será sempre um refúgio seguro em sua vida. Abrigue-se nele!

Maria se faz acompanhar do Espírito Santo

Ao contemplá-La, observe que, suspensa entre o céu e a terra, a Virgem resplandece luminosa e, por ser templo do Senhor, sacrário de Deus, Se faz acompanhar do Consolador, o Espírito Santo, porque através Dele Se tornou Mãe de Deus e cheia de graça. Sempre presente em todas as manifestações extraordinárias do amor de Deus, seja na Encarnação ou em Pentecostes, o fiel Esposo não poderia deixar de participar, com

a Esposa imaculada, nos milagres que Ela concede a Seus filhos, desatando o emaranhado de nós de sua vida, pois Ele quer que renasçamos para uma nova vida, livre de amarguras. O Espírito Santo parece revestir Maria enquanto Ela desata os nós da nossa vida. É a força do Altíssimo que participa desse milagre!

A corte de anjos

Ao continuar contemplando Nossa Senhora Desatadora dos Nós, percebemos que, junto à santíssima Virgem, como que A envolvendo, há uma corte de anjos, seres que não são mais que amor e luz, estrelas a iluminar nossas noites. Vêm para colaborar com sua excelsa Rainha, pois, reconhecendo-A como tal, servem-Na e Lhe obedecem. Vêm, também, porque receberam de Deus a missão de nos guardar do mal, a nós, fracos e desprotegidos, e nos acompanham na vida espiritual a fim de nos ajudar a trilhar o caminho da santidade. Finalmente, estão presentes pois sempre assistem às nossas orações, juntam suas próprias às nossas e logo as fazem subir ao céu, como perfume de incenso agradável.

A fita com nós

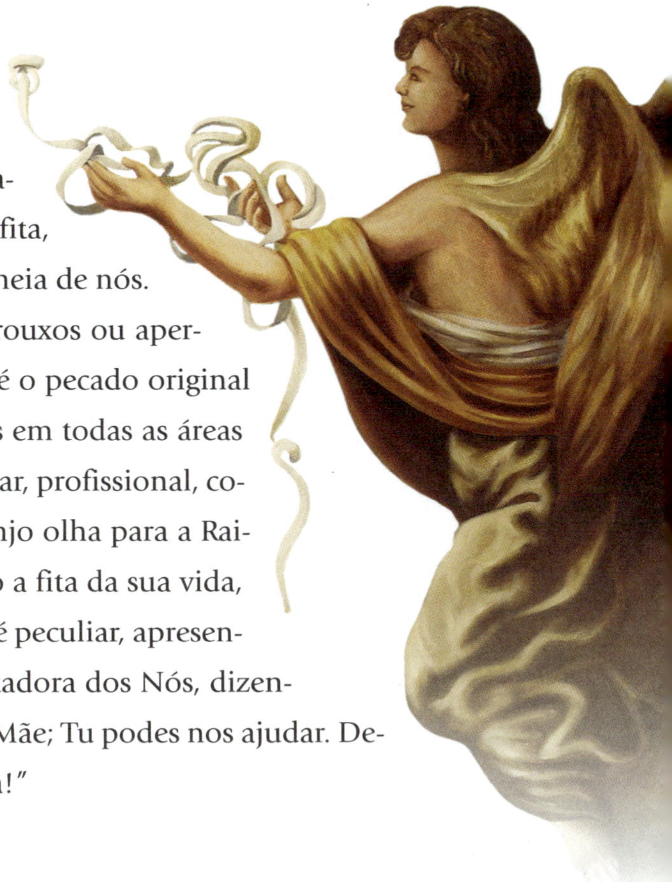

Observe que, dessa corte angelical, dois anjos se destacam. Um deles segura uma fita, que representa a sua vida cheia de nós. Nós grandes e pequenos, frouxos ou apertados, juntos ou distantes; é o pecado original e suas vastas consequências em todas as áreas da nossa vida afetiva, familiar, profissional, comunitária. Este bondoso anjo olha para a Rainha e sua Mãe e, segurando a fita da sua vida, com toda a doçura que lhe é peculiar, apresenta-a a Nossa Senhora Desatadora dos Nós, dizendo-lhe: "Em Ti confiamos, Mãe; Tu podes nos ajudar. Desata, pois, os nós desta vida!"

Maria toma a sua vida nas mãos

Então, Maria toma a sua vida em Suas mãos compassivas e, com Seus longos dedos de misericórdia, vai desatando, desfazendo cada nó, um após o outro. Olhe para Ela. Sinta a atenção, o amor e a ternura com que Ela realiza esse milagre, escutando o seu pedido, a súplica de um(a) filho(a) tão amado(a): você! E veja o que acontece!

A fita

A fita se transforma e fica sem nenhuma espécie de nó, refletindo toda a misericórdia e o poder libertador que existem nas mãos santas de Nossa Senhora Desatadora dos Nós.

Veja o que Ela faz

Do lado esquerdo da Virgem, outro anjo toma nas mãos a fita da sua vida, agora sem nó algum, e fixa os olhos em você, parecendo dizer: "Veja o que Ela fez. Olhe o que a Virgem Maria, por Sua intercessão junto a Jesus, pode fazer por você. Confie Nela, entregue a Ela seus problemas e suas angústias! Não duvide mais! É tempo da graça!"

Os pés sobre a cabeça da serpente

Observe que a Rainha tem o pé sobre a cabeça de uma serpente, símbolo das forças do Mal, porque não só do céu e dos santos é Rainha, mas também recebeu de Deus o poder de vencer os demônios com Suas virtudes. Ela é *temível como um exército em ordem de batalha* (Ct 6,10). Deus concedeu a Maria poder sobre todos os demônios. Sempre que eles atacam algum devoto da Virgem e este A invoca, basta um aceno de Maria para que fujam aterrorizados. Se, nas tentações, os cristãos tivessem o cuidado de proferir com confiança o nome de Maria, é certo que não cairiam nelas, "pois foge o demônio e treme o inferno ao som desse nome excelso" (beato Alano). Eva foi subjugada pelo inimigo e arrastou com ela toda a humanidade; Maria saiu vitoriosa e concede essa vitória a todos que rogam por Ela. Nossa Senhora Desatadora dos Nós parece nos dizer: "Filhos, quando o demônio vos assaltar, recorrei a mim, olhai para mim e tende ânimo, porque em mim, que vos defendo, tereis a vossa vitória".

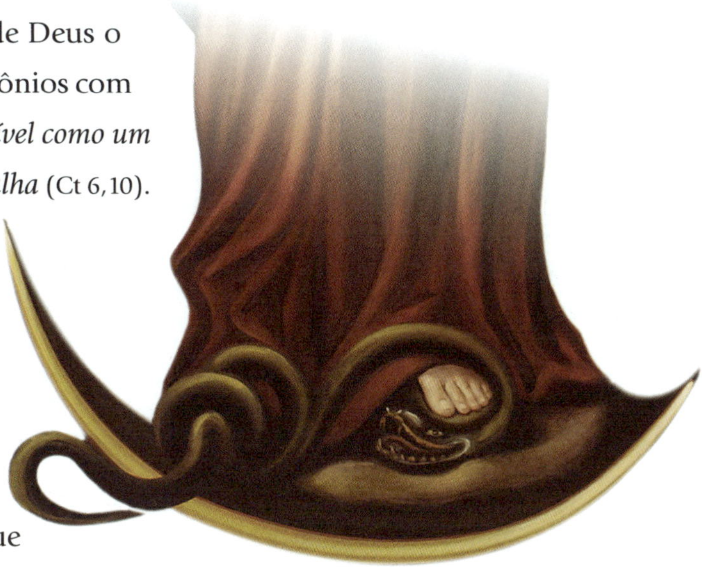

São Rafael conduz Tobias

Finalmente, na parte inferior da pintura, domina a escuridão da terra. Nela, porém, pode-se ver um homem que se deixa guiar por um anjo até uma igreja no topo de uma montanha.

É o arcanjo Rafael, que leva Tobias para o caminho certo, a fim de que encontre Sara, sua futura esposa. Por quê? Porque Nossa Senhora Desatadora dos Nós intercede pela resolução de nossos nós, concedendo inúmeras graças no matrimônio e na reconciliação das famílias. Para isso, envia o arcanjo Rafael para mostrar o caminho certo.

Rafael é também o chefe dos anjos da guarda, o anjo da providência, que zela pela humanidade. Seu nome significa "divino curandeiro" ou "Deus cura". Muitas vezes, é reproduzido em companhia de um jovem chamado Tobias e do cachorro deste. Ele cuida particularmente dos peregrinos, não somente daqueles que viajam, mas também daqueles cuja meta é Deus. Por essa razão, anda com um cajado, sandálias, um cantil e uma sacola suspensa no ombro. Ele é um dos sete anjos que se mantêm sob a glória divina. No livro de Tobias, no Antigo Testamento da Bíblia Sagrada, seu nome é Azarias.

Você já leu o livro de Tobias na Bíblia? É uma linda história, cheia do poder de Deus. Nela, São Rafael se apresenta a Tobias e se oferece para conduzi-lo até Média, na casa de Gabael, que o anjo diz conhecer muito bem e que devia a Tobit, pai de Tobias, uma quantia em dinheiro. Para ganhar a confiança do rapaz, Rafael se apresenta como filho de um de seus amigos. No decorrer da viagem, ele guia e aconselha o jovem Tobias. Depois o convida a parar na montanha de Ecbátana, na casa de Raquel, onde Tobias conhece Sara, uma jovem solitária, temente a Deus, mas sofrida pela perda de vários noivos.

Veja na parte inferior do quadro, à esquerda, o caminho que vão percorrer São Rafael e Tobias. O anjo ajuda Sara a se desfazer das maldições geradas pelo demônio Asmodeu, que matou sete de seus pretendentes. Rafael ensina a Tobias uma maneira infalível de se livrar desse demônio e se casar com Sara. Para isso, orienta-o a queimar o fígado e o coração de uma espécie de peixe que Tobias deve pescar. A fumaça do peixe expulsará todo tipo de mau espírito.

De volta a Caserim, lar de Tobias, Rafael também o ensina a curar a cegueira do pai, Tobit, com o fel do peixe. O milagre ilumina o coração do bom pai Tobit, que louva a Deus e vê revelado em Rafael o arcanjo enviado por Deus para curá-lo e guiar seu filho no caminho certo.

Nessa história, podemos ver que a vida de Tobias e de Sara era repleta de nós.

1. Primeiramente, Tobias tinha que viajar a uma terra longínqua sem saber o caminho, para recuperar o dinheiro de seu pai. Ele precisou de um guia confiável e que lhe trouxesse segurança, para desfazer esse nó do desconhecido, da insegurança e do medo de enfrentar uma terra estranha. O arcanjo São Rafael é enviado do céu. É por isso que Rafael é o anjo da guarda daqueles que viajam, guia seguro dos peregrinos.
2. Graças a Rafael, Tobias vai ao encontro de sua futura esposa, Sara. O nó da solidão de Sara se desfaz, assim como o de Tobias. Assim, os jovens devem pedir a Nossa Senhora Desatadora dos Nós, sob

a intercessão do arcanjo Rafael, um(a) companheiro(a) fiel para esta vida até a eternidade.

3. São Rafael libertou Sara de um demônio perverso, que se opunha à realização do plano de Deus de unir um casal para gerar filhos santos. Asmodeu é um demônio de morte, de fracasso e de sonhos destruídos.
4. Rafael permite a Tobias recuperar uma grande soma de dinheiro que seu pai havia emprestado. Assim se desfaz a dívida que Gabael tinha para com Tobit, pai de Tobias. O arcanjo Rafael, a serviço de Nossa Senhora Desatadora dos Nós, age em favor daqueles que emprestaram dinheiro e têm dificuldade de recuperá-lo.
5. Com o fel do peixe capturado nas águas do rio Tigre, Rafael cura a cegueira do pai de Tobias. É por essa razão que há séculos rezamos a São Rafael para ficar livres da cegueira física e espiritual, e ele é conhecido como "Deus cura".
6. Graças a essa cura, o pai de Tobias louva e glorifica com muita alegria o Senhor Deus. Para aqueles que têm dificuldade em louvar e glorificar o Senhor, é necessário pedir a São Rafael, protetor contra todos os perigos da vida, companheiro fiel e sábio conselheiro, que os(as) ajude a alcançar essa glória na peregrinação desta vida.

Que linda história! Todo o céu se move para nos mostrar que podemos ser mais felizes com a ajuda dos anjos. Você, que nunca pensou em clamar ajuda e orientação ao arcanjo São Rafael, faça-o. Não será decepcionado(a), porque Deus envia os anjos para nos ajudar na peregrinação desta vida.

Em tantas situações, independentemente de qualquer ajuda humana, é necessário chamar nosso anjo. Quando estamos em perigo, Rafael está pronto a nos socorrer, à medida que pedirmos ajuda a ele.

A perseverança, o louvor, o abandono em Deus nas provações atraem o amor divino e liberam o envio de anjos para nos auxiliar. Quando Rafael está presente, ainda que invisível, o homem aprende que achará a felicidade somente em Deus. Há tantas coisas que o homem não enxerga, não entende, não prova, não sente, não conhece, não ama, não canta... O anjo nos ajuda a percebermos tudo isso e a sairmos vitoriosos(as).

Diante de tantas maravilhas, o que nos resta fazer? Gravar no coração, para sempre, que Maria foi dada ao mundo como um canal de misericórdia, para que, através dele, desçam continuamente as graças do céu aos homens. Por isso, não há nó que Ela não possa desatar em sua vida. Levante-se do seu abatimento. Renove a força da sua fé. Veja a misericórdia de sua Mãe e reacenda a chama da esperança em seu coração! Que graças podemos temer não alcançar, se nos prostrarmos a Seus pés?

Aproximemo-nos, pois, cheios de confiança, de Nossa Senhora Desatadora dos Nós, Aquela que está junto ao trono da Graça, mas façamos isso com a esperança de sermos ouvidos, pois temos uma intercessora infalível, cujos rogos sempre são concedidos por Seu Filho, Jesus.

Entregue, assim, com toda confiança, os nós de sua vida nas santas mãos de sua Mãe e diga: "Nossa Senhora Desatadora dos Nós, roga por mim!" E Ela lhe responderá:

Comigo estão a riqueza e a glória... Deixo os meus haveres para os que me amam... (Pv 8,18.21).

2
OS NÓS DE NOSSA VIDA

Haverá alguém nos dias de hoje que não tenha um nó em sua vida para desatar? Independentemente de classe social, conta bancária, idade, sexo, beleza física, estado civil, quem não tem algum nó a desfazer?

E quem poderá fazer isso? A quem confiar e entregar esses nós que carregamos silenciosamente, há anos e anos, que passam às vezes de geração a geração, como uma herança maldita?

Os nós a que nos referimos representam tudo aquilo que está amarrado em nossa vida, que nos paralisa, que não conseguimos resolver, desatar, causado por nossos erros do passado ou do presente: infidelidade, dívidas, fraquezas, distúrbios de comportamento, temperamentos coléricos, impulsivos, obsessivos, geradores de nós nos relacionamentos, vício em drogas, jogo, sexualidade pervertida.

Há ainda os nós dos medos que carregamos, que se iniciam muitas vezes na infância (medo do escuro, de ficar sozinho, de altura, de ir à escola, do mar etc.) ou surgem na vida adulta (medo do futuro, claustrofobia, medo da morte, de envelhecer e tantos outros).

Os nós também podem ser provocados pelo mal que outras pessoas causaram em nossa vida, até mesmo aquelas que amamos (nó do adultério, do estupro, das perdas, das mágoas guardadas por anos e anos no coração).

Há também os nós que surgem como fatalidades na nossa vida ou na de quem amamos, como uma enfermidade avançada sem perspectiva de cura, um acidente ou outro tipo de tragédia.

Enfim, os nós são problemas para os quais não conseguimos encontrar a solução sozinhos, desatá-los. Eles paralisam nossa vida, amarrando-nos por inteiro, até a alma, a ponto de nos roubar a alegria de viver e se tornar fonte de angústia permanente. São nós que vão se fazendo lentamente, sem percebermos, ou que surgem de repente em nossa vida, nos tirando o chão sob os pés.

Que mãe permaneceria indiferente diante dos sofrimentos de seus filhos? O que é impossível ao homem, a Mãe de Deus pode pedir a Ele que realize. Como toda verdadeira mãe, Seu prazer é servir. Por isso, se você entregar os nós da sua vida, Ela os pegará com Suas mãos cheias de ternura e, movida por um amor sem medidas, irá desatá-los, um por um, docemente, até que desapareçam.

Não se angustie e não se desespere mais. Eis a resposta e a solução: entregue os nós da sua vida nas mãos santas e poderosas da Virgem Maria Desatadora dos Nós, tendo a certeza de que Ela os desatará, porque é sua Mãe e ama você. Ela rogará ao Pai e ao Filho para que você receba a graça de que tanto precisa, porque há problemas que só podem ser resolvidos com o poder e a intervenção divinos.

Ao entregar em oração, porém, esses nós nas mãos de nossa Mãe querida, é preciso deixá-los lá, confiando que, a partir dessa entrega, eles já não são seus, mas *Dela*! Não murmure mais, como se Ela não estivesse agindo. Enquanto espera, permaneça em oração, faça a novena e louve, louve muito, agradeça, dê glórias a Deus, cante ao Senhor Jesus, cante à Virgem Maria, pois já começaram a agir, embora você não consiga ver.

Enquanto a Santíssima Mãe desata seus nós, Deus quer realizar uma obra em seu coração, em sua vida e naqueles que estão envolvidos com você nesses nós – o maravilhoso milagre da conversão! Deus não quer mais ser excluído das suas decisões, como fez Eva. Ele e a Virgem Maria, juntos, querem fazer parte da intimidade da sua vida, dia após dia, a fim de inspirar-lhe, com a sabedoria divina, as atitudes que você deve passar a ter daqui para frente, dar-lhe a força necessária para dizer não a tudo que permitiu que esses nós fossem formados, fechar as brechas da sua alma com a graça divina, para que o mal não tome mais conta das suas emoções e da sua vida.

Se você não abrir espaço para Deus em sua vida, outros milhares de nós se formarão com o tempo. Dê, portanto, lugar a Ele e à Virgem em seu coração, e a sabedoria virá morar com você. Alargue o espaço do seu espírito para receber as bênçãos divinas. Para ficar repleto do bem, jogue fora o mal.

Santo Agostinho faz uma comparação belíssima em relação à importância de darmos espaço a Deus em nosso coração. Imagine que você acaba de ganhar uma grande quantidade do melhor vinho. Você busca depressa o maior recipiente para colocá-lo, mas, se a abertura for pequena, é necessário alargá-la a fim de poder enchê-lo o mais possível.

Se você não alargar o seu coração a Deus e a Sua Mãe, como experimentar o vinho novo em abundância? "Alarguemo-nos para ele; quando vier, encher-nos-á!"*

Cuidado também para que, querendo Deus encher você do bom vinho, não haja o vinagre da falta de perdão no recipiente do seu coração. É preciso esvaziar o seu jarro, limpá-lo, para receber o vinho da verdadeira alegria. Busque em Cristo e na Virgem Maria a força para ter o passo firme, não cair no pecado, não tropeçar nos vícios, não causar nós em sua vida.

É importante saber também que, se seu nó não for desatado imediatamente, como você espera, o atraso não é uma negativa de Deus, porque

---

* Santo Agostinho, Dos tratados sobre a primeira epístola de São João (Tract. 4: PL 35, 2008-2009).

Deus não é apressado, mas é sempre pontual. E Sua Mãe também. Por isso, não desanime!

Abrigue-se nas chagas de Cristo e no manto de Maria, 24 horas por dia, e traga consigo aqueles que você ama e os que precisa aprender a amar, para se proteger dos nós que outros querem lhe causar. Demore-se ali, na presença de sua Mãe, Maria, e de Cristo, deixando que o preciosíssimo sangue de Jesus o liberte de tudo que o amarra e seja infundido em todo seu ser. Faça da Virgem Maria um manto de proteção e fonte de onde corre o bálsamo da cura.

Acorde, você que dorme, porque Deus não o criou para permanecer acorrentado. Coragem, levante-se! Apresse-se em entregar os seus nós nas mãos da Virgem Maria, Nossa Senhora Desatadora dos Nós. Tome posse da vitória que o céu lhe dá! Acalente-se no seio de sua Mãe e cante para ela este hino, meditando calmamente em cada palavra nele contida:

Rejubila-te, esplendor de alegria
Rejubila-te, por quem o mal desaparece
Rejubila-te, começo dos milagres de Deus
Rejubila-te, cura dos corpos e resgate da alma.

Rejubila-te, incenso de prece
Rejubila-te, apagaste a fornalha do erro
Rejubila-te, acalma o fogo das paixões
Rejubila-te, restauração dos homens.

HINO ACATISTA

3

OS NÓS DA FAMÍLIA

Vivemos hoje tempos difíceis, em que amar deixou de ser sinônimo de fazer o outro feliz. A renúncia do impulso às paixões desordenadas já não faz parte das nossas prioridades de vida. Pelo contrário, as paixões são cada vez mais estimuladas entre crianças, jovens, adultos ou pessoas de idade avançada, solteiras ou casadas.

Não fazer aos outros o que eu não gostaria que me fizessem está fora de moda. Honrar pai e mãe é algo de que já não se ouve falar há muito tempo, e poucos sabem o que isso significa. São raros os casais que ainda mantêm o círculo da fidelidade intacto.

O compromisso com a verdade, a paciência de escutar, a humildade de aceitar um conselho, o carinho de cuidar do mais próximo parecem estar indo embora do coração humano, arrasado, destroçado pelo tornado dos temperamentos e pelo fascínio do prazer instantâneo.

Dizer "Perdão", "Eu te perdoo", "Obrigado" não faz mais parte do nosso vocabulário, nem enquanto vivos nem no momento da morte. Quantas pessoas partem desta vida desejosas de ouvir isso de seus filhos, de seu marido ou de sua mulher, e não ouvem... Vivemos em um mundo em que já não há despedidas curadoras, que, embora dolorosas, trazem tanta paz à nossa consciência.

O que aconteceu? Nossa culpa, minha culpa? Não. Nunca achamos o culpado, porque, na verdade, eles são quase invisíveis, como um vírus que nos contamina pouco a pouco, porque nossa imunidade espiritual está enfraquecida. E por quê? Pois nos afastamos de Deus, a fonte da vida! Trata-se dos vírus do egoísmo, do orgulho, do prazer desmedido e inconsequente, da avareza, da inveja, do desrespeito, do orgulho, do rancor, da mentira...

Como conviver em paz, de maneira sadia em nossa família, enfermos dessa maneira? Não nos damos conta de que, enquanto agirmos assim, seguindo esses princípios, usando esses preceitos como normas de vida, cada vez mais nós surgirão em nossa família e terão de ser desatados.

Jesus previu isso ao dizer:

> *O irmão entregará seu irmão à morte. O pai, seu filho. Os filhos levantar-se-ão contra seus pais e os matarão* (Mt 10,21).

Infelizmente, hoje isso se tornou realidade e notícia frequente nos jornais. Virgem Santíssima, Nossa Senhora Desatadora dos Nós, quantos nós a desatar no coração dos homens e nas famílias...

Os jovens, tomados pelo impulso das paixões, estimulados por todos os lados, tornaram-se cegos pela prática da sexualidade desenfreada, acabando muitas vezes numa união, porém sem ter tido o tempo de conhecer um ao outro, seus costumes, temperamentos, nível de educação, formação familiar. Quando tudo isso começa a ser descoberto, cada um passa a ver o outro como realmente é, e o relacionamento se desfaz...

E quando no ventre da mulher está sendo gerada uma criança, que na maioria das vezes não é, pelas circunstâncias, bem-vinda em seu primeiro sopro de vida, surge o nó da rejeição desse pequeno ser humano, porque a primeira experiência de amor que temos é o amor recebido de nossos pais. Mas essa criança é vista como uma pedra de tropeço nos planos dos jovens pais, então pratica-se o aborto e tudo parece resolvido.

Momentaneamente, isso parece um alívio para todos, mas com o passar do tempo o aborto se transforma para a mulher em profunda solidão interior, em um sentimento de vazio na alma, de vácuo, em culpa e, em grande parte dos casos, numa terrível depressão. Está formado aí outro grande nó!

O aborto é um nó imenso a ser entregue para a Santíssima Mãe desatar. E Ela o fará, porque é geradora de vida e não de morte no coração de seus filhos. Por isso, em primeiro lugar você precisa procurar a cura pelo sacramento da confissão.

Não matar não é uma lei humana, é uma lei divina. Nenhuma lei humana pode modificar, substituir, abranger uma lei divina. Quem é o homem para amenizar ou rejeitar a lei divina?

"As pessoas do mundo dizem que é muito difícil salvar-se. Ao contrário, não há nada mais fácil: basta observar os mandamentos de Deus e da Igreja, evitar os sete pecados capitais; ou, se preferir: fazer o bem e evitar o mal...", disse o Cura d'Ars.*

O que fazer para tirar do meu ser esse vazio que tomou conta de mim quando me esvaziei, no sentido próprio e figurado, daquela pequena vida? No tempo de Deus, que é um eterno presente, há muitas coisas a fazer para desatar os nós que você carrega e que são fonte de tristeza, de grandes dores e de culpa por causa do aborto:

1. Pedir perdão a Deus por impedir alguém de viver é um bálsamo de cura para você. A grande maioria das mulheres que fazem um aborto acaba, com o tempo, desenvolvendo sentimentos de culpa, de autocondenação e de sofrimento. Ao sentir o amor de Deus por você, perdoando-a, por seu arrependimento profundo, esse nó de culpa será desfeito.

---

* *126 frases do Cura d'Ars: uma só pode mudar a sua vida!*, 4ª ed. Prefácio de Denis Bourgerie. Campinas: Edições Logos.

2. Em segundo lugar, quer o aborto tenha tido êxito ou não, você precisa pedir perdão ao seu filho. Se ele estiver vivo, com certeza carrega sentimentos de rejeição originados por sua atitude. A primeira experiência de amor que os filhos vivem vem do amor que a mãe lhes oferece. Se isso não ocorrer, ainda no ventre materno eles vão experimentar a dor de não ser bem-vindos, não ser amados, e daí nasce um profundo sentimento de rejeição. Peça a Deus que o cure, diga ao seu filho que o ama e quanto ele é precioso para você. Caso o aborto tenha ocorrido, peça também perdão a esse filho que decerto está junto aos anjos, orando por você.
3. Caso ele tenha morrido, dê-lhe um nome. Se você ignora o sexo da criança, dê o nome que você carrega no coração.
4. Enfim, reze para ele, porque ele precisa crescer no amor de Deus e precisa das suas orações e do seu amor, como você também precisa de orações. Comungue para ele, deposite-o nos braços de Nossa Senhora Desatadora dos Nós, a Mãe de todas as mães, e o consagre a Ela.

Além do aborto, a infidelidade é outro nó muito doloroso na família. Homens e mulheres desprezam o compromisso e o pacto sagrado que fizeram com Deus no matrimônio e buscam novas experiências, fantasias sexuais absurdas, e em nome do prazer fazem loucuras, ridicularizam-se de tal forma que se tornam pessoas irreconhecíveis, passando a viver uma mentira permanente que transforma em um inferno sua vida e a vida da família. O preço da infidelidade é bem mais alto do que se pode imaginar: filhos partidos ao meio, feridos, solitários, cuja dor, por vezes, psiquiatra algum pode remediar. Nossa Senhora Desatadora dos Nós, tão zelosa das famílias, desatará esse nó se você se aproximar Dela e o entregar.

A falta de perdão, as acusações, as palavras rudes e injustas, mergulhadas na mentira e atiradas como pedras na convivência diária... O desrespeito na vida sexual entre marido e mulher, a desconfiança, o ciúme que corrói o amor como cupim...

O nó da falta de amor paterno ou materno, dos pais dizendo aos filhos palavras humilhantes, agindo com atitudes desrespeitosas e destruidoras, mergulhando-os em um dos mais terríveis sentimentos: a baixa autoestima, a rejeição, geradora tantas vezes de bulimia, anorexia, depressão e suicídio. Todos esses nós, é preciso entregá-los à Virgem Mãe. Isso não significa descartar a ajuda, se necessária, de profissionais especializados para orientação e tratamento em relação a esses problemas. A solução, porém, a libertação completa desses nós, vem através da graça divina.

Mas também há o nó da intolerância dos filhos com os pais, desprezando-os como vermes, abandonando-os como objetos enferrujados, sem carinho, sem gratidão, sem respeito.

Há ainda o nó da disputa entre irmãos, do rancor, da inveja entre as famílias, das inimizades.

Todos esses nós aqui mencionados, e os que só você sabe que existem na sua família, coloque agora nas mãos acolhedoras da Virgem Mãe Desatadora dos Nós. O momento é AGORA!

Você, mãe, você, pai, tão angustiados e se sentindo culpados pelos nós que já existem na vida de seus filhos adolescentes, confie-os à Mãe. Filhos dependentes de álcool ou outras drogas, filhos que desejam viver a sexualidade no namoro, dentro da casa dos pais, ferindo-os em seus princípios mais profundos de moralidade. O nó dos filhos pródigos que não voltaram e que permanecem, em nome da falsa liberdade, comendo comida de porcos... Filhos que se tornaram bandidos, assassinos... Confie-os à Virgem Maria.

A solução para evitar os nós na família é elevar a imunidade da alma, semeando Deus no jardim da sua casa – com a bênção de um sacerdote, água benta para ungir a casa, sal bento, comunhão eucarística permanente, confissão, jejum, atos de caridade – e buscando as sementes das virtudes da Virgem Maria para sua vida: humildade, mansidão, silêncio, pureza, fidelidade, perdão, confiança nas promessas de Deus. Faça também a novena, várias vezes se for preciso, porque a batalha é grande, mas entregue-a a quem tudo venceu.

Mães e pais que se amam e se perdoam mútua e constantemente arrastarão seus filhos na direção da bênção, pelo exemplo no dia a dia. Mães e pais que oram pelos filhos desde criancinhas, não deixando que nada nem ninguém interfira nesse momento, um dia colherão os frutos. Abençoe seus filhos todos os dias e os consagre ao Sagrado Coração de Jesus e da Virgem Maria.

Ofereça a eles, desde pequenos, livros que tragam mensagens de solidariedade, de respeito. Participe com seus filhos de obras de caridade. Torne sua casa um santuário. Monte um pequeno altar, colocando a Bíblia aberta em um trecho que contenha uma promessa de Deus (por exemplo, Salmo 90 ou Magnificat). Coloque uma imagem da Virgem Maria, flores, o terço, uma bonita vela. Carregue uma medalha benta para proteção e dê uma a seus filhos e a seu cônjuge.

Enfim, dobrem os joelhos e peçam juntos o Espírito Santo para cada um da sua família. Quem tem o Espírito Santo tem tudo! Se você crer e pedir ao Pai, em nome de Jesus, lhe será concedido.

Não deixe a tristeza tomar conta de seu coração se algum filho ou seu cônjuge se recusarem a rezar em família. Assuma o lugar deles e não perca a fé de que seu Deus é vencedor, vitorioso de todas as batalhas. Também não os critique, gerando polêmicas. Mas nunca deixe de convidá-los. Na oração pela libertação do povo de Israel oprimido pelos pagãos, o salmista diz:

Não foi em meu arco que pus minha confiança (Sl 43,7).

Também você, não ponha sua confiança em seu arco e nas flechadas que você dá. Coloque-a no Senhor dos exércitos, Jesus, e em Sua Mãe, Maria. Peça incessantemente o Espírito para todos de sua família.

Só o Espírito Santo renova o velho homem que existe em cada um de nós, com seus hábitos viciosos, com seus temperamentos impetuosos e destrutivos, com as manias que enraízam fundo, como a mentira, transformando-nos em novas criaturas. O Espírito Santo traz harmonia e une todas as diferenças.

Quantas vezes, na comunicação com nossos filhos, marido ou mulher, genros, noras, queremos dizer algo agradável, aconselhar, estamos bem-intencionados, mas surgem desentendimentos inacreditáveis? É preciso invocar o Espírito Santo para nos comunicar com quem quer que seja.

Quem projeta o demônio como um raio para longe de nós? O Espírito Santo, o Sangue do Cordeiro, Jesus, e a Virgem Maria. Quem é nosso Advogado? O Espírito Santo. Como terra seca, nossa família não produzirá bons frutos sem receber a chuva benigna do céu, o Espírito Santo.

Peça todos os dias com confiança o Espírito Santo para sua família e alegre-se, porque *nenhum daqueles que esperam em vós será confundido* (Sl 24,3). E sua Mãe, que sabe a dor do seu coração por causa dos nós que há em sua família, virá com o Espírito Santo desatá-los. Olhe com confiança para Ela e ore...

ORAÇÃO PARA DESATAR OS NÓS DA FAMÍLIA

Querida Mãe, Maria Desatadora dos Nós, porto de paz para os marinheiros desta vida, acolhe-me na Tua presença neste momento, pois preciso tanto de Ti e de paz. Trago comigo a minha família.

Tu foste a escolhida, Aquela a quem Deus concedeu a graça de desatar os nós de nossa vida.

Pelas Tuas virtudes, a Luz veio pôr fim às nossas noites de amargura.

Pelas Tuas mãos, Deus abençoou a humanidade e conhecemos a paz! Esta paz é que eu Te peço hoje.

Ó Mãe do belo amor, volta os Teus olhos para nós. Confio hoje em Tuas mãos de misericórdia a minha pobre família. Acende o farol da graça divina sobre ela.

Mãe de Deus e minha Mãe, vem visitar minha pobre casa com Jesus, assim como visitaste Isabel, Joaquim e João Batista. Como eles Te chamaram, eu clamo por Ti hoje. Sabias que aquela família precisava do Teu auxílio, como eu o necessito tanto...

Como eles Te esperaram, eu Te espero. Como eles Te receberam, eu Te recebo. Levanto-me, corro e abro as portas para Ti. Vem, Mãe, entra em minha casa.

Fica conosco, Nossa Senhora Desatadora dos Nós, e roga por nós a Jesus! Estejas com cada um desta casa, pois somos todos Teus filhos, e Tu, como Mãe, nos conheces como ninguém.

Desfaze os nós dos afetos desordenados, os maus hábitos, as enfermidades, o desrespeito, os vícios, o que está morto, e fecunda uma nova vida no meio de nós: traze-nos Jesus! Traze-nos o Espírito Santo!

Tu, que desatas os nós que não nos deixam viver plenamente, abraça a minha família, toma-a como Tua, para que nela brilhe a luz inesgotável de Jesus.

Querida Mãe, confio em Tuas mãos o nó da discórdia que existe em minha família.

Desfaze com Teu amor poderoso, com Tua intercessão materna, o nó do desentendimento entre mim e meu marido (minha esposa). Roga, Mãe, junto a Jesus, que o orvalho da graça e do perdão caia sobre a terra ressentida do nosso coração.

Dá-nos a força do alto, necessária para perdoarmos mutuamente e continuarmos nos amando, a fim de que minha família não seja destruída. Entra no nosso casamento, fica entre nós, porque és bendita entre as mulheres e começo dos milagres de Deus! Cria essa oportunidade de reconciliação entre nós.

Nosso vinho está acabando, Mãe! Não permitas que isso aconteça em nossa casa. Vem renovar os nossos sentimentos e transformá-los em algo novo, frutuoso!

Eu perdoo o meu marido (a minha esposa) por todas as mágoas que carrego, sejam elas do passado ou do presente (*diante de Maria, diga o nome dele(a)*).

Perdoo-o(a) pelas agressões físicas contra mim/por ter abandonado a mim e a meus filhos/por ter me traído. Perdoo-o(a) por nos deixar passar fome e todo tipo de dificuldade (*fale com a Virgem Mãe sobre cada um dos nós com o seu cônjuge e vá perdoando*). Perdoo-o(a) por ter ido embora, nunca mais ter dado notícias e não querer saber de nós. Perdoo-o(a) por todo o desrespeito pela minha pessoa na prática da nossa sexualidade.

Perdoo meu marido (minha esposa) por me humilhar diante da sua e da minha família.

Hoje, tomo a decisão de perdoar para que Tu possas desfazer o nó da amargura que carrego e abrir as comportas das graças divinas sobre a minha família. Dá-me a força necessária para esse passo, Mãe.

Também me disponho a perdoar aquele(a) filho(a) que me magoou/meu pai/minha mãe/nora/genro/sogro(a)/irmão(ã). Dá-me força para conceder o perdão a todos da minha família, dá-me graça para atirar essas pedras pesadas da minha alma nas profundezas do mar, porque sem perdão não há bênçãos, porque a graça de Deus não pode fluir em minha família sem esse perdão.

Conquista o coração de meu marido (minha esposa) para Jesus, ó Mãe do infinito amor! Desperta-o(a) do sono da indiferença e faze com que os olhos de sua alma se abram para Deus.

Ajuda-me, Mãe querida, a perdoar também a mim mesma(o), se porventura colaborei para causar este nó da falta de paz em minha casa, com minhas críticas, meus maus exemplos, minha falta de paciência, minhas injustiças e principalmente por não ter consagrado antes minha família ao Teu Sagrado Coração e ao Amado Coração de Jesus.

E peço perdão por murmurar contra Ele e por invejar famílias que vivem mais em paz do que a minha. Pacifica minha casa, Rainha da Paz! Contém e acalma a agitação selvagem de nossa alma, ó Muralha Divina!

Em Tuas mãos confio a fita da vida de cada um daqueles que vivem em minha casa (*diga o nome de cada filho, filha, noras, genros, sogros, cunhados*).

Mãe, desata o nó daquele(a) filho(a) que foi embora magoado(a) ou que está dominado(a) por um vício ou mergulhado(a) nos perigos da vida; desfaze o nó da rebeldia e da agressão contra seus pais. Coloca uma porção transbordante do Teu amor pelos meus filhos no coração do meu marido (da minha esposa) e no meu. Desata o nó das disputas entre meus filhos, Mãe querida.

Desfaze, Mãe, todas as armadilhas e emboscadas de Satanás que foram feitas para destruir minha família e fica conosco para sempre, Nossa Senhora Desatadora dos Nós! Esmaga a cabeça das serpentes que não querem nos ver felizes, dando glória a Deus, porque *És [...] temível como um exército em ordem de batalha* (Ct 6,4) contra o mal.

Estrela que anuncia o Sol, ilumina nossos passos.

Manto dos que estão nus, guarda-nos hoje e sempre em Teu coração de Mãe! Aceita ser nosso refúgio e proteção.

Ó Mãe soberana, dá-nos a vitória sobre o nosso inimigo visível e invisível.

Aos doentes, traze cura.

Aos saudáveis, disposição de gratidão e amor a Deus.

Àqueles que se agrediram, a reconciliação.

Àqueles que vivem em paz, a perseverança e a firmeza.

Aos aflitos e desanimados, um doce reconforto.

Acende o farol da graça divina sobre os que enxergam mal e caem em tentação.

Sê companheira de estrada para todos aqueles que caminham.

Dá graças àqueles que caem, de se levantar.

Àqueles que estão em pé, de permanecer firmes.

Àqueles que estão na felicidade, de prosperar.

Àqueles que são infelizes, de ser socorridos.

Conduze, enfim, nossa vida inteira e faze-nos dignos do esplendor dos santos do céu.

Louvamos-Te, ó nossa protetora, Nossa Senhora Desatadora dos Nós, com cantos de ação de graça, glorificando o Teu Filho, a Deus Pai e o Espírito Santo, agora e para sempre, pelos séculos.

Amém!

TESTEMUNHOS

Tenho dois filhos, e um dia minha família se dissolveu – perdi meu marido tão amado para os prazeres da vida.

Minha filha logo se envolveu com um jovem arrogante, campeão de vale-tudo, alguém do mal, que a levou por vontade dela para um lugar que eu desconhecia.

Chorei muito, tentei várias vezes fazer contato, e nada, ela não queria estar comigo. Passei seis anos com saudades imensas e pensava muito em tê-la em meu convívio, mas nada acontecia. Nesse período, meu filho estudava e trabalhava nos Estados Unidos, e de lá sofria comigo.

Perdi toda a vaidade, a vontade de estar com as pessoas, achava que já tinha rezado tanto que um dia, em meu grande desespero, me lancei aos pés de Nossa Senhora Desatadora dos Nós e, com o coração totalmente aberto, confessei a Ela que já tinha pedido muito para minha filha voltar e que a estava entregando naquele momento em Seu colo, para que cuidasse dela e fizesse o que fosse melhor para ela.

Chorei muito, mas meu coração estava aliviado. Tive a sensação de que Nossa Senhora Desatadora dos Nós, naquele instante, me acalmava. Realmente entreguei minha filha a Seus cuidados.

Comecei a ter mais tranquilidade, voltei a amar todos que estavam ao meu redor e, após quatro meses, o telefone tocou de madrugada. Era minha filha, desejando-me feliz aniversário. Fiquei feliz, mas estranhei o telefonema.

Dois dias depois, ela procurou seu irmão e juntos foram ao meu encontro. Saudosa, pediu para estar conosco novamente e eu lhe respondi: "Filha, que bom, Nossa Senhora Desatadora dos Nós lhe trouxe de volta à sua casa".

Hoje, tenho certeza absoluta de que Nossa Senhora Desatadora dos Nós trouxe verdadeiramente a paz à minha família, nos trouxe a confiança de que alguém muito especial vela por nós.

E... nunca mais temi nada.

L.E.N.

"No ano de 1999, me afastei do trabalho quando descobri que estava com câncer de mama. Fiz uma retirada radical da mama esquerda, 120 sessões de radioterapia e oito sessões de quimioterapia. Muito debilitada e depressiva, fui afastada do trabalho.

Então conheci o Santuário, onde veneramos Nossa Senhora Desatadora dos Nós, e passei a ser serva de Maria. Toda segunda-feira à tarde, eu fazia a novena de Maria Desatadora, me ajoelhava e agradecia por estar ali, e Ela, como Mãe maravilhosa, intercedeu por mim junto a Seu filho Jesus, concedendo-me a cura. Depois dessa experiência, não consegui mais me separar Dela.

Recebi outras graças, como a aposentadoria, a compra de um apartamento para minha filha, que cria sozinha duas crianças, e a restauração do meu casamento. Desde que tive câncer, passei a ser muito religiosa, mas sofria muito com meu marido, que falava que eu era beata, que me haviam feito lavagem cerebral, mas eu não me ofendia e rezava por minha família e meu casamento.

Um dia, descobri que meu marido tinha uma amante, não aceitei e começamos a passar por muitas tribulações. Meu marido é mecânico de automóvel e estava quase falido. Comecei então a rezar aos pés de Nossa Senhora no Santuário, pedindo a restauração da minha família e do meu casamento e a prosperidade da oficina. Como resposta, um dia meu marido me convidou para ir à missa, me pediu perdão e se confessou com o padre...

Não foi fácil perdoar; todos os dias eu rezava o terço e pedia à Mãe do belo amor que cuidasse do meu coração, que o apresentasse a Jesus e me concedesse a graça do perdão. E minha Mãe rogou por mim a Jesus, que me concedeu a graça de perdoar meu marido.

Assim, meu casamento e minha família foram restaurados. Hoje, meu marido frequenta as missas no Santuário, faz adoração nas madrugadas, na capela do Santíssimo, e é voluntário na distribuição de sopa para os pobres, oferecida pelo Santuário.

Mas o maior milagre, a maior graça de Maria Desatadora dos Nós em minha vida foi me mostrar Jesus todos os dias, me ensinar a ver"

Deus presente em todos os momentos da minha vida e me fazer sentir como sou amada por Deus. Por isso, digo todos os dias: "Nossa Senhora Desatadora dos Nós, roga por mim, roga por minha família. Obrigada".

Amém!

L.E.

Frequento a Igreja há alguns anos e tenho vários testemunhos. Mas o que mais me marcou foi quando o pai do meu filho o sequestrou. O menino tinha 6 anos e eu fiquei quarenta dias desesperada. Vinha à igreja para chorar e pedir que Nossa Senhora Desatadora dos Nós me acolhesse e me ajudasse como Mãe, sabendo o que eu realmente sentia; que tocasse o coração de meu marido para que ele deixasse meu filho voltar para casa e para que pudéssemos conversar sem brigas.

Nossa Senhora ouviu minhas orações e, depois de muitas preces, um dia meu marido veio me entregar meu filho. Após seis meses, consegui a guarda definitiva dele.

Essa foi uma das vezes em que senti a presença de Maria na minha vida, usando sempre a frase que uso até hoje: "Maria, passa na frente", porque Ela realmente passa na frente em todos os momentos difíceis da nossa vida. O que não está ao nosso alcance, o nó que não podemos desatar, Ela resolve para nós, e eu sou a prova viva disso.

E.S.S.

4

OS NÓS DA VIDA SENTIMENTAL

Ao longo dos anos, observando mulheres casadas que nos procuravam para aconselhamento por problemas conjugais, percebemos que grande parte das que tinham conflitos sérios com o marido já trazia isso antes do casamento. Isso quer dizer que, tal como 1 + 1 = 2, namoro com brigas = casamento com brigas.

A mulher apaixonada (e também o homem), que tem a ideia ou a ilusão de que com o casamento ele(a) vai mudar, de que com o nascimento de um filho tudo será diferente, engana-se completamente.

Ninguém consegue mudar ninguém. Portanto, se há problemas no seu namoro que o tornam um inferno, ou você os resolve com seu(sua) parceiro(a), dialogando para juntos encontrarem a solução definitiva, ou é melhor desistir desse relacionamento.

Muitas vezes, para não ficar solteira(o), a mulher (ou o homem) vira avestruz e enfia a inteligência, o bom-senso e a lucidez debaixo da terra, para não ver que o relacionamento está desgastado demais pelo desrespeito e que isso não conduzirá a um bom resultado.

"Mas uma noite na cama parece amenizar o problema...", dirá você. E assim está feito um nó na sua vida, porque o prazer do sexo não consegue manter um casal unido por muito tempo, nem no namoro e muito menos no casamento.

É preciso ter a coragem de dizer não. É difícil, mas entregue sua sorte e esse seu nó nas mãos da Virgem Maria e Ela não só o desatará, mas lhe dará um sinal sobre isso. Peça a Ela que lhe dê um sinal, se esse relacionamento que você vive for do agrado de Deus. São José recebeu sinais sobre o plano de Deus para ele e para a Virgem Maria. Peça-os também!

Certa vez, conversando com uma jovem que tinha inúmeras dúvidas sobre se seu namorado seria o homem certo para sua vida, resolvemos rezar, pedindo que a Virgem Maria a esclarecesse com a luz do Espírito Santo, o Espírito da verdade. Vários meses depois, nós a encontramos e perguntamos como ela estava. Contou que, algumas semanas após o nosso encontro, sonhou que estava se casando em uma capela com aquele rapaz, quando de repente surgiu uma grande labareda de fogo que invadiu todo o lugar, queimando tudo. Assustada, ela acordou e compreendeu na hora que o céu lhe havia mandado o sinal que pedira. Isso lhe deu coragem para desistir daquele namoro tumultuado.

Há tantas coisas em um relacionamento que podem causar nós: vícios (alcoolismo, jogo), uma religião conflitante com a sua, nível social diferente, família que não aceita você, temperamentos coléricos, obsessivos, namorado(a) ciumento(a) demais ou com experiências ruins em relacionamentos anteriores.

Algo extremamente valioso para evitar catástrofes no plano sentimental é o conselho dos pais. Mãe e pai sentem, instruídos pelo amor e pela experiência adquirida, o que é bom ou não para seus filhos. Ah, se os filhos ouvissem os pais...

Se você está vivendo angustiado e com nós a desatar no plano sentimental, não pense que isso não é importante para Deus e para sua Mãe, Maria. Eles amam você e querem ajudá-lo. Faça a novena e aguarde, com o coração pleno de louvor, o resultado.

Ore agora.

ORAÇÃO PARA DESATAR OS NÓS SENTIMENTAIS

Mãe querida, Maria Desatadora dos Nós, venho a Ti neste momento para Te entregar os nós que existem em minha vida sentimental.

Deus Te concedeu um companheiro extraordinário, São José, pleno de ternura por Ti, por Jesus, humilde e obediente ao plano de Deus, cuidando da sagrada família de uma forma divina.

Ah, Mãe, como desejo encontrar um(a) companheiro(a).

Ó Mãe de ternura, desejo tanto construir uma família sagrada, consagrada a Ti e a Jesus, mas não encontro a pessoa certa para que isso aconteça. Onde ela estará?

Desata este nó, Mãe Desatadora dos Nós. Coloca no meu caminho essa pessoa, e que saibamos enxergar que é Deus quem nos envia um para o outro.

Perdoa-me, Jesus, por todos os meus envolvimentos com homens (mulheres) comprometidos(as), casados(as) ou divorciados(as), que tive no passado e que Te desagradaram. Perdoa-me se fui causador(a) da destruição de alguma família pelo meu egoísmo.

Se estou me relacionando com alguém que não é do Teu agrado, Mãe, fecha as portas para que esse relacionamento termine em paz.

Mãe do belo amor, equilibra meus sentimentos, que estão desordenados, confusos, cheios de dúvida. Acalma-me e liberta-me da ansiedade, do desespero e do medo de ficar só.

Faz-me compreender que sou templo de Deus e ensina-me a não ser usada(o) como objeto em nenhum relacionamento, enquanto espero o(a) companheiro(a) que me concederás.

Confio este nó em Tuas mãos e creio que irás desatá-lo.

Venho hoje como Sara (ou Tobias), Mãe, esperando o(a) escolhido(a) de Deus para mim. Mostra-me o caminho para chegar até ele(a) e ordena que um anjo o(a) coloque ao meu lado.

Que venha a ser uma união santa, que sirva e testemunhe a Deus. Abençoa geração após geração que surgir da nossa união, e que minha família seja selada como propriedade tua, Mãe amada. Vem ser nossa companheira permanente.

Mãe, Nossa Senhora Desatadora dos Nós, cuida da minha vida sentimental e desata o nó da minha solidão, dos meus enganos, da minha cegueira, que me impede de ver os sinais que o céu me envia.

Minhas mãos tocam as Tuas e isso me traz paz, confiança e serenidade, porque me acolhes agora em Teu coração e me guias pelo caminho que preciso tomar.

Mãe, desata este nó e de minhas mãos não soltes jamais.

Obrigada(o), minha Mãe querida. Nossa Senhora Desatadora dos Nós, roga por mim.

Amém!

No que se refere ao relacionamento homem-mulher, temos que rogar à Virgem Mãe Desatadora dos Nós que retire dele todo e qualquer tipo de violência, cujas consequências podem levar as pessoas à loucura e até à morte, ou deixar marcas que só o poder de Deus, o soberanamente grande, o invencível, o Médico Divino, é capaz de curar.

Por essa razão, se você carrega marcas e lembranças de violência na esfera sexual, como o estupro ou outras situações agressivas, eis sua Mãe, que, de braços abertos, quer acolhê-la(o) agora e desatar para sempre esse nó. Ore segurando em Suas mãos e fitando seus olhos nos Dela.

ORAÇÃO PARA DESATAR O NÓ DO ESTUPRO

Nossa Senhora Desatadora dos Nós, neste momento eu Te suplico que venhas até mim, porque quero entregar-Te algo que me é fonte de profundo sofrimento e que venho guardando trancafiado no peito, para que ninguém saiba.

Mãe, vem e fica bem junto de mim, fazendo-me sentir que não estou só. Desata, Mãe, eu Te suplico, os nós da dor, da humilhação, da vergonha, da revolta, do medo, da rejeição e de todos os sentimentos negativos que venho carregando todos estes anos, em consequência do estupro que vivi em meu passado. Mãe, põe as minhas mãos nas Tuas e leva-me até o Médico Divino.

Jesus, vem lavar-me com o Teu precioso sangue, derramado de Tuas chagas por mim. Lava-me por inteiro, meu corpo, minha alma e meu espírito, e purifica-me de toda sensação de imundície que carrego. Dissolve com o poder do Teu sangue toda lembrança, ato por ato, e a dor daquele momento que carrego até hoje. Dissolve todas as consequências negativas que foram ocasionadas em minha vida, a dificuldade de me relacionar com o sexo oposto, o sentimento de inferioridade, os vícios, os complexos. Liberta-me, Jesus, pelo poder do Teu sangue, desta corrente que me prende e impede de ser feliz e viver em paz.

Mãe Desatadora dos Nós, cobre-me com Teu manto protetor e guarda-me do mal.

Quero perdoar hoje, em nome de Jesus, essa pessoa tão enferma que me ocasionou esse mal. Ajuda-me, Mãe Maria.

Pai, em nome de Jesus, dá-me a força do Espírito Santo para perdoar essa pessoa agora (*diga: Eu te perdoo, em nome de Jesus, e peço a Ele que tenha misericórdia de ti pelo mal que me ocasionou*).

Mãe, faz brotar, do vazio que esse ato provocou em meu ser, algo novo, bom, gerador de vida, tornando-me consolador(a) para outras pessoas que vivenciaram esse tipo de sofrimento.

Mãe, Nossa Senhora Desatadora dos Nós, acende o farol da alegria e da esperança no mais profundo do meu ser e roga por mim.

Amém!

Neste momento, imagine os braços da sua Mãe e de Jesus envolvendo você por inteiro, segurando, protegendo, aquecendo seu coração e libertando-a(o) para sempre desse nó, porque amam você infinitamente e querem vê-la(o) mais feliz a partir de agora.

As angústias abandonam seu ser, a tristeza e a aflição se dispersam. Você pensa não poder suportá-las, mas marchará sobre elas, e tudo que hoje lhe parece impossível se tornará fácil.

Que dor o amor da sua Santíssima Mãe e de Jesus não podem vencer? Que adversidade eles não poderão superar para você? Que abismo não transporão com você?

Creia, chame por Ela e confie sua vida nas mãos de quem jamais a(o) decepcionará. Perdoe, fique bem junto deles, e o amor divino lhe dará asas e força para voar bem alto, superar tudo e começar uma nova vida!

TESTEMUNHOS

Tive a graça de nascer num berço católico praticante. Toda minha família, desde os meus mais remotos antepassados, sempre foi seguidora da Igreja de Cristo. Porém, quis Deus que eu me enamorasse de um rapaz que tinha uma família seguidora de outra religião. Ele não seguia nada, sempre dizia que ir à igreja, à missa, era perda de tempo, que Deus o ouvia tanto lá como em qualquer outro lugar. Jamais me impediu de praticar a minha religião, o que para mim sempre foi determinante, porém nunca me acompanhava em absolutamente nada.

Passaram-se nove anos de namoro, e eu sempre tinha comigo que precisava dar um passo além, porém jamais aceitaria sair da casa de meus pais para ir "morar junto", porque fazia questão absoluta de ter a bênção de Deus.

Resolvi então fazer a novena de Nossa Senhora Desatadora dos Nós, pois amava meu namorado, mas como poderia me unir a alguém que não me acompanharia às missas aos domingos? Como seria o catecismo, o batismo de nossos futuros filhos? Tudo isso me afligia muito.

Iniciei a novena próximo do Dia dos Namorados (eu já era voluntária do Santuário fazia um ano). Ele me perguntou o que eu queria de presente, e respondi que o que eu queria era que ele fosse assistir a uma missa no Santuário comigo, que não precisava de mais nada. Graças a Maria, Ela me concedeu esse presente e ele foi comigo.

Era uma missa de quinta-feira e o Santuário estava abarrotado de fiéis, por isso ficamos em pé, em frente à porta central. A missa ia começar quando o sr. Denis, de repente, deixou o altar e, com toda certeza guiado pelo Espírito Santo de Deus, veio até a porta, como o vi fazer inúmeras vezes, pegou meu namorado pelas mãos e o levou para dentro do Santuário, ali próximo à equipe de música, juntinho ao Santíssimo e ao altar.

Foi maravilhoso, ele não teve forças para resistir. Ao olhar para o lado, pela Providência Divina se deparou com dois colegas de trabalho, aí se sentiu em casa.

Aos poucos ele foi indo, semana a semana, comigo às missas, até que, tocado pelo Senhor, sentiu o desejo de receber a Eucaristia, fazendo assim a primeira comunhão, além de se crismar (com 35 anos). Após alguns meses, nos casamos.

Hoje ele é fiel a Maria e a divulga a quem estiver ao seu alcance, carregando na carteira mensagens cristãs.

Nossa união aconteceu no dia 12 de outubro de 2007, no Santuário, e em 20 de outubro de 2009 nasceu nosso filho. Somos uma família abençoada por Deus e protegida sob o manto de Maria.

Tenho certeza absoluta de que, com a novena, Nossa Senhora intercedeu junto ao Seu Filho e concedeu ao meu marido a graça de se tornar cristão.

M.V.R.

Tive uma vida de muitos pecados, transgredi os dez mandamentos da lei de Deus e me dizia cristã. Amei um homem acima do amor de Deus, fui sua amante durante dezessete anos e, para acobertar nossa relação, fiz um aborto.

Foi uma paixão tão intensa que sentia verdadeiro desespero só de pensar em me afastar dele. Mesmo assim, Deus não desistiu de mim, me amou tanto que me fez conhecer Nossa Senhora Desatadora dos Nós. Ela me tirou dessa vida de pecados para a glória do Senhor Jesus. Abriu-me os olhos para que eu enxergasse a verdade. Deu-me forças para pôr fim ao que em minha vida era desonesto, impuro, indigno.

Hoje sei o que é o amor e procuro a santidade como meu único e verdadeiro tesouro.

C.T.

5
O NÓ DO DESEMPREGO

O desemprego pode se tornar um grande nó a desatar, porque o trabalho dignifica o homem. Com ele conseguimos nosso sustento, e sem isso a pessoa se sente desamparada, inútil, improdutiva e, consequentemente, desvalorizada, numa sociedade em que ter é mais importante que ser.

Também se transforma numa ferida profunda quando, trabalhando anos e anos numa empresa, vestindo a camisa do time, a pessoa é descartada como um objeto, de repente e de maneira humilhante.

O desemprego destrói sonhos, projetos de vida, planos feitos com a família, fazendo-nos sentir a mais inútil das criaturas. É fonte de estresse, causa de enfermidades e até de suicídio.

Você se sente fragilizado(a), e é preciso se fortalecer em Deus e em sua Mãe. Nessa hora é preciso saber, no mais profundo de suas entranhas, que Deus Pai não quer isso para você, porque o(a) ama, porque você é Seu(Sua) filho(a) e Ele é o dono de tudo. Lembre-se de que Ele fez jorrar da pedra duríssima água abundante para os sedentos e cair do céu milhares de codornizes para matar a fome de Seus eleitos, porque Seu nome também é Providência.

E sua Mãe, o que não fará para prover o que lhe falta? Traga até Ela, Nossa Senhora Desatadora dos Nós, sua aflição e seu desemprego. Deposite em Suas mãos santas seu presente e seu futuro. Incline seu coração ferido no coração de sua Mãe e descanse, confiando que Ela lhe providenciará um trabalho digno.

Não se desespere. O céu com certeza lhe reserva surpresas extraordinárias. Faça a sua parte, corra atrás de todas as propostas de trabalho que chegarem a suas mãos e, com sua família, ore diariamente à sua Mãe, Desatadora dos Nós, agradecendo.

Com o desemprego, você poderá descobrir algo novo em sua vida. Não se revolte, porque isso bloqueará a ação de Deus. Essa perda lhe permitirá crescer, amadurecer, tornar-se mais generoso(a), compreender a dor dos que passam por isso e um dia poder consolá-los.

Aprendemos que tudo é temporário e que nossa única segurança é Jesus e nossa Mãe, Maria. Não pense que é o fim... Não, pode ser o começo de uma vida esplendorosa que está por vir.

Há momentos na vida em que precisamos dizer a Deus: "Ensina-me a aceitar as surpresas que transformam meus planos, derrubam meus sonhos, dão rumo totalmente diverso ao meu dia e quem sabe à minha vida. Não há acaso. Dou-Te liberdade, Pai, para que Tu mesmo conduzas a trama de meus dias" (Dom Helder Câmara).

Chegue bem pertinho de sua Mãe, Desatadora dos Nós, e ore agora.

ORAÇÃO PARA DESATAR O NÓ DO DESEMPREGO

Santa Maria, manto dos que estão nus, abriga-me em teu coração materno, hoje que me sinto tão desprotegido(a).

Venho hoje apresentar-te o nó do meu desemprego, que tanto me aflige e me fere. Desata para mim, ó Mãe, esse nó, pois preciso de um novo e bom trabalho.

Tenho o coração ferido, humilhado, sinto-me desvalorizado(a) como pessoa e com a sensação de que agora as oportunidades serão poucas para mim. Sinto-me derrotado(a).

Mas me trouxeste para junto de ti, hoje, para que eu descubra o imenso e poderoso amor que tens por mim. Chamaste-me para me mostrar que não há nó que em tuas mãos não seja desatado em minha vida. Vem enxugar minhas lágrimas e colocar a alegria da esperança em mim.

Meu Pai é dono de todo o universo e tudo Lhe está sujeito. Intercede por mim junto a Ele, Mãe. Conduze-me com Teus anjos para onde devo ir, o que devo fazer, falar e a decisão certa a tomar. Ilumina meu caminho, Tu que deste nascimento à Luz. Dá-me coragem e faze-me forte.

Cura meu coração também, Mãe querida, dessa perda em minha vida. Eu perdoo, em nome de Jesus, a você, meu patrão, à diretoria da empresa, que decidiu despedir-me, e a todos que se alegraram com isso.

Eu Te peço perdão, Pai, em nome de Jesus, por murmurar contra Ti, culpando-O e amaldiçoando quem me demitiu.

Acolhe em Tuas mãos de misericórdia o nó do meu desemprego, Mãe do belo amor, e abre um novo caminho, cheio de bênçãos, para a minha vida profissional.

Mãe Maria, passa na minha frente e que se faça o plano de Deus em minha vida. Obrigado(a), Mãe.

Amém!

TESTEMUNHOS

Quando estive no Santuário de Maria Desatadora dos Nós com a minha esposa pela primeira vez, ficamos encantados e começamos a fazer juntos a novena, pedindo por nosso filho, que estava há mais de dois anos desesperado por não conseguir emprego.

Passados dez dias, feliz, ele veio nos comunicar que estava empregado.

Obrigado, Mãe, pela graça recebida.

S.E.S.

Em maio de 2008, fazia cinco meses que eu não recebia salário. Eu trabalhava para a Funasa com os índios ianomâmis. Por falta de repasse de verba para a empresa que nos contratava, estávamos durante todo esse tempo sem salário.

A situação em casa estava difícil, sem dinheiro para nos manter. Eu moro com minha mãe e minhas duas filhas – somos quatro pessoas ao todo. Minha mãe é aposentada e o dinheiro não dava para nada. Mesmo com a ajuda da família, a situação era bem difícil de manter.

Foi então que recorri a Nossa Senhora Desatadora dos Nós. Eu havia ganhado da minha tia o livrinho da novena. Abri o livro e procurei ler tudo com muito cuidado, para entender o significado da imagem na capa. Então me senti tocada a rezar a seguinte jaculatória: "Em ti confiamos, Mãe; tu podes ajudar-nos. Desata, pois, os nós desta vida".

Rezei essa jaculatória no terço de cem contas e, no lugar do Pai-Nosso, rezava a oração de Nossa Senhora Desatadora dos Nós. Fazia isso várias vezes durante o dia.

Certo dia recebi uma ligação de um colega de trabalho, dizendo que todos os funcionários da Funasa deveriam comparecer na empresa urgente. Lá tivemos uma reunião em que nos foi dito que, para recebermos todo o dinheiro atrasado, dependeria de Brasília. Foi então que me retirei um pouco para o canto da sala de reuniões e comecei a recitar a jaculatória em silêncio. Não havia a menor chance de negociação com Brasília, mas continuei recitando a jaculatória incessantemente.

Por volta das 15h30, recebemos um fax direto de Brasília informando que o repasse do dinheiro havia sido feito naquele momento para nossa conta.

Fiquei emocionada e me senti agraciada por Nossa Senhora. Tive vontade de chorar, mas contive as lágrimas. Escrevo isso agora porque aprendi que não existem barreiras para a Mãe de Deus.

Salve, Maria, a Rainha vencedora de todas as batalhas. Muito obrigada, minha Mãe.

R.R.E.

Certa manhã, subitamente, recebi a notícia de que estava sendo demitido e, após trinta anos em uma posição importante, eu não interessava mais para a empresa. O chão abriu-se sob meus pés e o medo tomou conta de mim. O que seria de mim e de minha família a partir de agora? Nunca tive vergonha de trabalhar, desde que honestamente, mesmo que fosse para lavar pratos.

Passei vários meses sofrendo, não só por ter sido mandado embora, mas pela maneira como fui tratado, descartado como um objeto.

Pouco a pouco, porém, fui me refazendo, porque conheci minha Mãe, Nossa Senhora Desatadora dos Nós. Ela me tomou nos braços, renovou minha esperança e resgatou minha dignidade.

Fiz a novena suplicando-Lhe um novo emprego e Lhe entreguei meu futuro profissional. Fiz vários cursos para crescer ainda mais profissionalmente e hoje trabalho fazendo algo que me traz uma alegria que jamais senti em emprego algum.

Não só descobri minha missão como também pude ver que eu estava trancado numa gaiola naquele emprego, e que Deus abriu a porta a fim de que eu voasse livremente em direção ao Seu plano de amor por mim e por aqueles que estão comigo no trabalho que exerço hoje.

Mãe amada, Nossa Senhora Desatadora dos Nós, obrigado por tanto amor, obrigado por desatar o meu nó, obrigado por meu trabalho.

I.B.

Tenho uma sobrinha que foi procurar emprego em São Paulo, e o diretor do escritório, que era da Bolsa de Valores, disse para ela voltar depois de uma semana levando seu currículo. Eu tinha dado à minha irmã, mãe dela, a novena da Desatadora dos Nós, e minha sobrinha levou os documentos e voltou para casa. Então ela recebeu um recado dizendo que não era para voltar mais, porque não seria contratada.

Minha irmã começou a fazer a novena da Nossa Senhora Desatadora dos Nós, porque minha sobrinha tinha que voltar para pegar os documentos. No terceiro dia da novena, minha sobrinha foi pegar os documentos e o diretor perguntou: "O que você está fazendo aqui?" Ela respondeu: "Vim pegar meus documentos de volta". Ele disse: "Absolutamente, você está contratada e quero que comece na semana que vem".

A.B.L.

6

O NÓ DAS PERDAS

A dor que carregamos pelas perdas ocorridas em nossa vida é fonte de muitos nós.

Perda de uma boneca que se quebrou na infância e da qual gostávamos muito; perda de um passarinho de estimação ou do cachorro tão fiel e companheiro; perda daquele emprego tão importante; perda do carro, do dinheiro, da juventude, dos amigos, do namorado; perda de parte do nosso corpo, por acidente ou cirurgia; perda de um filho, assassinado, ou por uma enfermidade grave, suicídio ou acidente; perda da mãe amada, do pai querido, do cônjuge, de forma súbita e fatal.

As perdas fazem parte da vida, não há como fugir delas, impedir que aconteçam; são acontecimentos que têm de ser vividos. Mas, para que não se tornem nós, a nos torturar dia e noite, durante anos e anos, precisamos vê-las como uma realidade que nos desperta, nos obriga a tomar consciência de nossos valores mais profundos, uma realidade que deve nos levar a pensar, crescer e procurar um sentido na vida.

Ao sofrer uma perda, é preciso ter no coração a certeza de que o que realmente importa jamais pode ser perdido: o amor.

Lutamos para reter as pessoas e coisas que amamos, mas, por mais que nos esforcemos, acabamos concluindo que tudo é passageiro e que é impossível impedir a perda. Tudo que é aparentemente nosso na verdade nos foi emprestado, e isso é algo muito difícil de aceitar.

Se colocarmos nossa segurança no que temos e nas pessoas, mesmo naquelas que nos amam e que amamos, um dia vamos descobrir que tudo é absolutamente temporário. São Paulo nos fala isso claramente:

Se é só para esta vida que temos colocado a nossa esperança em Cristo, somos, de todos os homens, os mais dignos de lástima (ICor 15,19).

Por mais que passe o tempo e vejamos quanto envelhecemos, ainda assim temos a impressão de que seremos eternos, porque não é fácil admitir nossa finitude, principalmente nos dias de hoje, em que dispomos de uma tecnologia fantástica, que tenta de todas as formas driblar a velhice e a morte.

Sofremos grandes e pequenas perdas na vida, que podem ser permanentes, como a morte de um filho, ou transitórias, como a perda de um emprego.

A perda é uma das lições mais difíceis da vida. Muitas vezes precisamos de ajuda para vivê-la e aceitá-la, mas ela sempre nos fará crescer como pessoas, amadurecer e aprender lições inesquecíveis.

Profissionais da área da saúde ou até mesmo grandes e sábios amigos podem nos orientar e auxiliar muito ao enfrentarmos situações de perda. Não é raro encontrarmos pessoas que, sem se dar conta, assumem determinados comportamentos e reações que acabam apenas complicando essa vivência e aumentando o sofrimento.

Por trabalhar diariamente com situações de perda, acompanhando e cuidando de doentes, portadores de câncer avançado, eu, Suzel, me vejo com frequência diante de famílias que, tomadas pelo espírito de proteção, bem-intencionadas, tentam camuflar ou esconder de seus queridos enfermos a verdade sobre a situação de saúde destes. Fazem de tudo para que o paciente viva na mentira: escondem laudos de exames, pedem aos médicos para não dizerem o diagnóstico diretamente ao paciente, fingindo que ele não tem uma doença grave. É o chamado cerco do silêncio, ou mentira piedosa, que surge pela negação da enfermidade, negação da perda.

A convivência nessa família passa a ser extremamente desgastante do ponto de vista físico e principalmente emocional. De um lado o enfermo, sabendo ou desejando saber a verdade sobre si, vendo seu corpo enfraquecer a cada dia, e do outro a família, fingindo que ele não tem nada grave e que vai ficar bom. Essas pessoas precisam de ajuda, porque passam pelo processo de negação da enfermidade, usando a mentira para proteger o doente e a si próprios.

É necessário explicar à família o mal que essa mentira ocasiona a ela e ao doente, que tem o direito de saber a verdade, de ser preparado adequadamente, de forma humanizada, no tempo certo, já que é o protagonista da própria história.

A verdade permite a todos, doente, família, amigos, se preparar da melhor maneira possível para a perda. Isso não significa que seremos poupados da dor da separação, mas vamos poder dizer o que ainda não foi dito, fazer o que ainda não foi feito, perdoar, agradecer, amar, amar, amar... porque nesses momentos o que mais importa é o amor. É agora, mais do que nunca, o tempo de amar.

Na grande maioria das vezes, as famílias acabam compreendendo isso e sentem-se profundamente aliviadas e agradecidas quando encontram pessoas que as ajudam a quebrar a barreira de negação da perda, que sozinhas não conseguiriam vencer.

Sentir que não estamos sozinhos é um grande consolo nas situações de perda. Por essa razão, fazemos um contrato de não abandono com os enfermos e suas famílias quando nos procuram, e sentimos que isso tem uma força mágica para que não desmoronem.

Elisabeth Kübler-Ross, médica psicanalista suíça, radicada nos Estados Unidos, foi inegavelmente quem mais estudou e trabalhou com situações de perda, das mais variadas, fosse com crianças, jovens ou adultos. Acompanhando por mais de dez anos portadores de enfermidades com risco de morte, ela concluiu que reagimos às perdas em nossa vida passando por cinco estágios. Isso não se refere somente à perda pela morte, mas às perdas em geral que enfrentamos na vida. São os estágios:

1. Negação: Você recebe a notícia, dada por um profissional especializado, de que você ou alguém de sua família tem uma doença grave, com pouca possibilidade de cura, e pensa que o exame foi trocado, o laboratório não é de confiança ou o médico errou o diagnóstico. Começa a procurar vários outros profissionais ou quer repetir todos os exames. A reação é negar, de todas as formas, a realidade.
2. Raiva: A cólera o(a) invade, você passa a agredir os mais próximos, se revolta com Deus e faz repetidamente a eterna pergunta (que não tem resposta e pode levá-lo(a) à loucura): "Por que eu, meu Deus? O que fiz de tão ruim?"
3. Barganha: Você tenta negociar com Deus: "Se eu parar de fumar/de beber/se eu fizer tal coisa, acredito que meu filho vai se curar/eu vou melhorar".
4. Depressão: Você acaba concluindo que a realidade é inegável e desiste de lutar.
5. Aceitação: Você aceita a realidade, mas não perde a esperança e procura, lucidamente, viver da melhor maneira possível.

Esses estágios não são necessariamente vividos nessa sequência. A pessoa pode passar da depressão para a barganha, da raiva para a depressão. O importante é chegar à fase de aceitação.

Essas reações podem ser vividas em situações de perdas não tão cruciais, como uma pessoa que perde o RG:

1. Negação: "Não, eu não acredito que perdi meu RG, deve estar com meu marido".
2. Raiva: "Mas por que eu não sou mais organizada? Que raiva de mim!"
3. Barganha: "Ah, se eu encontrar meu RG, prometo que vou ter uma pasta especial só para guardar meus documentos originais".
4. Depressão: "Vou perder tanto tempo para fazer um RG novo, e justo agora que estou em época de provas na faculdade. Não tenho vontade de fazer nada".
5. Aceitação: "Bom, antes o RG que a carteira toda. Tenho que aprender a ser mais cuidadosa".

É importante falarmos sobre perdas na vida, não só porque elas são inevitáveis e muitas vezes precisamos de ajuda para vivê-las, mas porque, após a perda, passamos a viver o luto.

O luto deve ser entendido como um processo normal e esperado, que surge em consequência do rompimento de um vínculo. Se tivermos problemas ao viver uma perda, certamente teremos problemas na fase do luto, daí dizer que tal pessoa tem um luto mal resolvido.

Enquanto Rodrigo, de 10 anos, estava na escola, seu cachorrinho, Black, foi atropelado por um caminhão e ficou com o corpinho todo esfacelado. Os pais de Rodrigo, para poupá-lo do sofrimento de ver seu querido cãozinho daquela forma, o enterraram logo em seguida, sem avisar o menino, pois isso o perturbaria muito e ele perderia o dia de prova na escola.

Quando Rodrigo chegou em casa, a primeira coisa que fez foi chamar o cachorro para brincar. Mas Black não apareceu. Seus pais surgiram na sala, com os olhos vermelhos, inchados e cheios de lágrimas, e disseram: "O Black morreu!"

Você pode imaginar como Rodrigo recebeu a notícia da perda de Black – da pior maneira possível. Seu melhor amigo partira, e ele não viu e nem sequer pôde dizer adeus. Foi-lhe roubada essa oportunidade. A partir dessa experiência, Rodrigo certamente terá problemas diante de outras situações de perda, e o luto pela morte de seu cãozinho permanecerá como uma situação mal resolvida. Rodrigo provavelmente terá problemas para lidar com a morte ao longo da vida. Ele tinha que ser comunicado, precisava ver e pegar seu cãozinho querido nos braços, dizer adeus e enterrá-lo. Enfim, encerrar aquele relacionamento com dignidade.

Lembro-me de uma senhora, voluntária em uma clínica especializada em cuidar de pessoas com poucos meses de vida, que sempre chorava muito, mais que a própria família, quando algum doente partia. Certa vez, tivemos que conversar com ela para tentar encontrar a razão desse comportamento.

Foi então que ela contou que há três anos havia perdido seu jovem filho. Após o enterro, ao chegar em casa, quis ir direto para o quarto do filho e ficou paralisada ao ver que não havia mais nada dele ali. A família, movida pelas melhores intenções, pensando em poupá-la de mais sofrimento, retirou tudo que pudesse fazê-la se lembrar do filho. Foi como arrancá-lo ainda mais de seus braços. Por meio de seus objetos, pouco a pouco, tocando, sentindo o cheiro do filho nas roupas, ela estava se despedindo dele, vivendo o luto conforme necessário. Mas, com a atitude da família, a ferida ficou aberta, e ela viveu assim por anos, carregando a dor imensa de um luto não encerrado.

Nem sempre a perda causa marcas profundas e representa um luto mal resolvido. Isso acontece quando, ao recordarmos a situação, sofremos em demasia e nossa vida parece ter ficado paralisada a partir dali. Os anos se passam e continuamos melancólicos, chorando em demasia e até deprimidos. Muitas vezes perdemos a fé, nos sentindo traídos por Deus, culpando-O. Surge a revolta por uma morte que consideramos injusta.

Não nos damos conta da repercussão que essas perdas têm em nossa vida. Sem perceber, nos transformamos em pessoas amargas, que acabam perdendo o sentido e o prazer de viver.

Você já encontrou pessoas que não conseguem visitar um amigo no hospital, ou evitam participar de velórios ou ser voluntárias em alguma instituição, principalmente na área da saúde, porque sofrem e choram mais que o doente ou a própria família? São pessoas maravilhosas, porém vítimas da própria angústia, gerada por lutos mal resolvidos, que se transformaram em nós que as paralisam. É como se algo tivesse ficado inacabado, inconcluso em sua vida. Alguma coisa ficou para trás, que ainda precisava ser vivida e não o foi.

É como se fôssemos arrancados dos braços do ser amado e, sem explicações convincentes, abandonados, sentindo-nos completamente sós.

Perder significa morrer um pouco. E não estamos preparados para isso, principalmente na sociedade de hoje, que rejeita a morte e tudo que está relacionado a ela. Saber perder e saber morrer é uma arte, é sagrado, tem sempre um sentido que precisamos encontrar.

Muitas perdas se transformam em nós que precisam ser desatados, pela falta de uma abordagem humanizada no momento em que ocorrem, ou mesmo depois.

Por exemplo, alguém muito amado e importante para você é levado para a UTI. Você tem tantas coisas a lhe dizer... mas não há tempo, e sua presença junto do ente querido não foi permitida. Ele parte e você acaba sabendo só algum tempo depois. Havia tanto a ser dito, mas essa oportunidade lhe foi negada. Não houve despedida, pedido de perdão ou agradecimento. Está criado, assim, um luto doloroso e, em consequência, um nó a desatar.

Muitas vezes, excluímos as crianças de saber e participar da morte de alguém na família (avô, avó, tios, irmãos). Utilizamos mentiras piedosas para poupá-las, as afastamos do contexto, e isso com certeza gera dificuldades no enfrentamento das perdas e das mortes que surgirão ao longo da vida.

É preciso dizer a verdade à criança, que deve participar dos cerimoniais da perda, do luto, encarando-os como um processo natural, que faz parte da vida, e exprimindo suas emoções de pesar. Assim, se ela perde seu bichinho de estimação, tem o direito de dizer adeus e de enterrá-lo, de colocar flores no local, encerrando a experiência de perda de forma digna e humanizada.

Se você perdeu algo ou alguém já há algum tempo, há anos, tendo deixado para trás palavras que não foram ditas, gestos que não foram feitos, e isso ainda lhe causa dor, culpa, rancor, isolamento, depressão, alteração de sono, de apetite, se o seu eu se sente preso, é preciso fazer algo, porque há um nó a ser desfeito.

No plano material, muitas vezes se faz necessário buscar a ajuda de um profissional com experiência em luto, porque é preciso aprender a abrir mão, a se desprender do objeto ou da pessoa amada com quem convivemos anos e anos, talvez a vida inteira. Isso é doloroso, mas necessário, porque é libertador. É o primeiro passo.

Podem-se também, com a orientação desse profissional, criar cerimoniais em que você reviva a situação dolorosa e acrescente a ela o que ficou faltando, por exemplo, a despedida. Trata-se de fechar o círculo, encerrar algo que ficou em aberto.

Escrever uma carta para a pessoa que partiu, abrindo seu coração, pedindo perdão ou perdoando, dizendo o que ela representava para você, pode ajudar muito.

Trazer consigo o senso de continuidade também é extremamente importante e auxilia muito na vivência do luto. A vida continua, mas de maneira diferente.

Para nós, católicos, que cremos que somos peregrinos nesta vida, que a pátria verdadeira é a vida eterna, que caímos nos braços amorosos do Deus da vida, para nós que acreditamos na ressurreição da vida, é preciso ter guardada, no mais profundo do nosso ser, esta promessa extraordinária que tanto nos sustenta:

> *Eu sou a ressurreição e a vida. Aquele que crê em mim, ainda que esteja morto, viverá. E todo aquele que vive e crê em mim, jamais morrerá*
>
> (Jo 11,25-26).

ORAÇÃO PARA DESATAR O NÓ DAS PERDAS

Querida Mãe, Nossa Senhora Desatadora dos Nós, coloco-me neste momento diante de Ti, venho Te procurar para que me ajudes a vencer todos os sentimentos de depressão, tristeza, humilhação, negação, rejeição, revolta, cólera, gerados pelas perdas sofridas em minha vida e que são hoje verdadeiros nós que me impedem de viver de forma mais livre e feliz.

Mãe, Tu sabes como ninguém meu sofrimento, porque passaste em Tua vida por tantas perdas: da Tua terra, da Tua casa, de São José, Teu amigo e companheiro, das pessoas que Te abandonaram e Te rejeitaram por seres viúva e teres um filho que não Te sustentava. Passaste pela perda de Jesus quando criança no templo e depois, ao ser crucificado e morto. Aí viveste a maior de todas as perdas e a maior de todas as dores.

Quem Te consolou? Quem Te sustentou e Te fez companhia? A força divina, o Espírito Santo, cujo nome é Consolador.

Volta o Teu olhar de amor sobre mim, Mãe, neste momento, e toma em Tuas mãos de ternura os nós que ficaram pelas perdas daqueles que tanto amei e que já não vivem ao meu lado.

Consola-me, Mãe de misericórdia, pela perda de ________ (*diga o nome da pessoa que partiu*).

Dá-me Tua força para que eu possa continuar a viver, de maneira diferente agora, mas sem interromper meus sonhos, meus projetos de vida, sem deixar de lado minha família, meu trabalho, como se tudo tivesse morrido.

Aquece meu coração sofrido pelo sentimento de abandono, Mãe. Traze-me hoje a promessa que um dia fez Jesus a Marta e a Maria: *Todo aquele que vive e crê em mim, jamais morrerá* (Jo 11,26).

Coloco em Tuas mãos e Te dou definitivamente, entregando-Te para sempre, todas as pessoas amadas que perdi e que pensei que eram minhas, mas na verdade nunca me pertenceram: meu(minha) noivo(a)/meu(minha) namorado(a)/meus amigos/meus pais/meu(minha) filho(a)/meus avós/meu marido (minha esposa). Entrego também em Tuas mãos hoje outras perdas que ocorreram em minha vida, como meu animal de estimação/meu emprego/minha casa/o dinheiro/a posição social/a juventude/a cidade que amei/minha saúde e todos que tanto amei e que já não estão ao meu lado.

Como um trapezista que abre as mãos e solta o trapézio para que aconteça o espetáculo, abro minhas mãos, entregando-Te tudo o que retinha comigo, pensando ser meu. Preciso abrir mão, entregá-los, para ser verdadeiramente livre.

Sustenta-me, Mãe, põe luz na minha vida, Tu, coluna de fogo, que nos conduz na noite! E preenche com Teu amor os vazios de minha alma.

Transforma minha noite interminável em dia de esperança, põe sentido naquele espaço de minha alma que parece ter morrido, ter partido também. Que cessem os "por quês" que tanto me atormentam. Vem me fazer companhia, abranda a solidão que me invade a alma. Gera com o Espírito Santo, em mim, um novo sentido de viver.

Que eu me torne uma pessoa mais forte, mais corajosa, mais consoladora das dores alheias.

Obrigada(o), Mãe amada, por desatar esses nós de minha alma, a fim de que eu possa viver mais livre e plenamente. Obrigada(o)!

Nossa Senhora Desatadora dos Nós, roga por mim.

Amém!

TESTEMUNHO

Um dia, ao chegar em casa de uma viagem que precisei fazer para a Europa, pois havia sido convidado para ministrar algumas palestras, recebi a notícia de que meu pai falecera. A dor foi não só por perder meu pai e por não poder me despedir dele, mas também por não ter sido comunicado e não poder voltar a tempo para vê-lo, estar com ele. Enfim, recebi dois grandes golpes.

Não me revoltei contra minha família e entendi as razões da minha mãe, que, sem saber o que fazer, quis me poupar, pois não daria tempo para que eu, voltando, o visse.

Mas a dor da perda ficou. Ficou também um medo enorme, o pavor de perder minha mãe dessa mesma forma, porque eu viajava muito. Então procurei Nossa Senhora Desatadora dos Nós e lhe entreguei os nós que surgiram pela perda do meu pai. Depois disso, grande paz tomou conta da minha alma. Supliquei também, a Ela e a Jesus, que não permitissem que eu perdesse minha mãe da forma como perdi meu pai.

Passaram-se quatro anos e precisei fazer uma viagem. Meu coração ficou apertado e eu me lancei aos pés Daquela que jamais falhou comigo. Quero testemunhar que, um dia depois que voltei de viagem, minha mãe partiu, e nos meus braços.

Obrigado, Mãe querida, por ouvir as minhas súplicas e não permitir que outro grande nó fosse formado em minha vida.

A.P.

7

O NÓ DOS MEDOS

Ter medo pode ser normal, um sinal de alerta que nos protege. Por exemplo, se a piscina é muito funda e você não sabe nadar, ter medo de se afogar é um sentimento natural, que vai impedir você de se atirar na piscina e correr um risco desnecessário.

O problema está em sentir medo onde não existe perigo ou o risco é pequeno, criando um sentimento negativo que o tornará infeliz e vai impedir você de ter experiências agradáveis.

Um medo que nos amarra, nos impede de ir em frente para conquistar nossos projetos, nossos sonhos, que nos impossibilita de nos realizar como pessoas, que impede que o plano de Deus se concretize em nós é um nó a ser desatado pelas mãos de Nossa Senhora Desatadora dos Nós.

As pessoas têm muitos medos na vida, como medo do escuro, de ficar sozinhas ou sair de casa, de ambientes fechados, de falar em público, de avião, de altura, de tempestades, de raios, e o medo mais profundo, que é o da morte.

Imagine agora as situações de risco por que passaram a Virgem Maria, Jesus e São José. Maria já estava grávida antes de se casar, o que, na sociedade da época, era gravíssimo, sujeito a pena de morte. São José desposou uma mulher grávida de uma criança cujo pai não era ele. Depois os dois tiveram que fugir, apressados, para Nazaré, para não ser mortos. Lá chegando, não encontraram abrigo, e a Mãe de Deus teve que dar à luz num celeiro.

Quantas razões para ter medo e desistir. E, depois do nascimento de Jesus, quantas situações perigosas a enfrentar. E os apóstolos trancafiados de medo, ameaçados de morte pelos sacerdotes e fariseus para não testemunharem a ressurreição do Senhor? Que destino os esperava? E Pedro na prisão?

Nada os deteve, porque a força do Altíssimo estava com eles e neles. O que Jesus mais repetiu a Seus queridos apóstolos, discípulos e a nós foi: "Não temais!" Sim, Ele diz a você hoje: "Não tenha medo!"

Certa vez, quando os discípulos estavam na barca durante a noite, atravessando o mar que se agitava violentamente, foram tomados pelo medo, pensando ser o fim. O que fez Jesus, que os contemplava de longe? (Você pensa que Jesus não o(a) está contemplando também? Que Seu olhar não está voltado para você?) Foi estar com eles. Os discípulos se assustaram com Jesus, pensando ser um fantasma. Estavam de tal forma cegos pelo medo que não conseguiram ver a realidade: Jesus ao lado deles.

O medo nos impede de ver corretamente, nos paralisa, bloqueia nossos talentos, enterra nossas capacidades. Quantas pessoas deixam de realizar seus sonhos por causa do medo.

Então Jesus disse, naquela noite de tempestade:

Tranquilizai-vos, sou eu. Não tenhais medo! (Mt 14,27)

Nosso Deus é um Deus desinstalador, que nos tira do lugar, porque para realizar maravilhas é preciso ir, ir sem medo. Por essa razão, na história salvífica da humanidade, Ele escolheu homens como Abraão, que não teve medo de mudar de pátria; Moisés, que não teve medo, diante do faraó e de seu império, de resgatar o povo de Israel; João Batista, que não teve medo de dizer a verdade. Também capacitou homens, libertou-os do medo, como fez com Pedro, para que pudesse realizar seu plano de amor por nós.

Muitos sentimentos de medo e insegurança são gerados por acontecimentos traumatizantes e necessitam da avaliação de profissionais especializados. Mesmo assim, não descarte a ajuda divina, o poder maior do Criador de tudo e de quem tem o melhor dos remédios: o amor.

Seja qual for o seu medo, tome a decisão e desapegue-se dele hoje. Ajoelhe-se agora e apresente à sua Mãe, Maria, o nó do seu medo, pois ela quer desatá-lo para vê-lo feliz e livre para sempre.

Você precisa sentir o calor da presença da Virgem Maria, sua Mãe, tomando a sua mão e fazendo você sentir que não está só. Creia, sinta isso e faça esta oração.

ORAÇÃO PARA DESATAR O NÓ DOS MEDOS

Mãe amada, Nossa Senhora Desatadora dos Nós, me aproximo de Ti hoje, pobre que sou, mas com o coração de filho(a) confiante, pois creio que os Teus dedos longos de misericórdia vão desatar os nós dos medos que carrego dentro de mim (*diga cada um deles à sua Mãe*), trazidos de meus ancestrais, talvez gerados durante minha gestação, ao nascer ou durante minha infância e juventude.

Mãe, Tu que carregaste em Teus braços o Vitorioso, aquele que diz: *No mundo haveis de ter aflições. Coragem! Eu venci o mundo* (Jo 16,33), e ainda: *Não se perturbe o vosso coração, nem se atemorize!* (Jo 14,27), desata do mais profundo de meu ser o nó da insegurança que carrego dentro de mim, o sentimento de solidão, aflição, o medo de ficar sozinho(a), o medo do futuro.

Gera em mim a certeza de que, ainda que não haja pessoa alguma ao meu lado, como minha Mãe estás comigo e jamais me deixarás. E, se estás comigo, quem será contra mim? Que a Tua presença ao meu lado me torne forte a partir de hoje. Vem ser minha companhia e rogo a Jesus para que a força do Altíssimo me cubra com Sua sombra e me faça vitorioso(a) sobre qualquer sentimento de medo.

Ensina-me a dizer como provavelmente oraste, ao atravessar o deserto com José: *O Senhor é minha luz e minha salvação, a quem temerei? O Senhor é o protetor de minha vida, de quem terei medo?* (Sl 26,1)

Mãe, levanta minha cabeça, reergue-me com Tuas mãos de Mãe de Deus e faze-me sempre sentir que estou abrigado(a) debaixo do Teu manto.

Ensina-me a dizer: "Maria, passa na frente" toda vez que eu me vir atacado(a) pelo medo, a fim de descansar em paz, confiante, como uma criança no seio da mãe e ao lado de Jesus. Haverá ali maior abrigo?

Mãe, roga a Jesus para que eu seja liberto(a) da síndrome do pânico. Mostra-me os passos que devo dar para que isso aconteça.

Obrigado(a), Mãe querida, por desatar os nós dos meus medos. Fica comigo e não me soltes jamais.

Nossa Senhora Desatadora dos Nós, roga por mim.

Amém!

TESTEMUNHOS

Tenho duas filhas, e a mais velha, de 10 anos, de repente começou a não querer mais dormir por ter medo do escuro. Conversamos muito com ela, falamos com a professora, mas não conseguimos descobrir a razão. Isso estava perturbando não só a ela, mas toda a família.

Aparentemente, nada acontecera em nossa casa para levar a isso. Marquei uma consulta com uma psicóloga, mas alguns dias antes fomos à missa no Santuário de Nossa Senhora Desatadora dos Nós, e ali, diante Dela, minha filha e toda a família rogamos para que a Virgem Maria desatasse esse nó da sua vida. No dia seguinte, comecei a fazer a novena com ela.

Senti que minha filha foi ficando serena, confiante e depois de três dias, para minha alegria, ela veio me dizer que não sentia mais medo do escuro.

Obrigada, Mãe, porque só você poderia ter desatado esse nó de forma tão rápida e carinhosa. Amém!

D.L.

Alguns meses atrás, sem motivos aparentes, comecei a me sentir muito mal, com palpitações súbitas, medo de morrer, de ficar sozinho, de conduzir meu carro e até de trabalhar. Isso aconteceu como uma enxurrada, me levando ao fundo do poço do desespero.

Fui levado ao médico e o meu diagnóstico foi de síndrome do pânico. Fui medicado por alguns meses, mas a melhora era muito lenta.

Um amigo me convidou, com minha esposa, para assistirmos a uma missa no Santuário de Nossa Senhora Desatadora dos Nós. Relutei a princípio, não só pelo medo de estar no meio de tantas pessoas, mas porque era um católico que não frequentava a igreja fazia muito tempo. Mas, no desespero, aceitei o convite.

Durante a missa, após a comunhão, houve uma oração que me tocou profundamente, a ponto de me fazer chorar como criança. Ao fim da missa, adquiri a novena e comecei a fazê-la no mesmo dia, rogando a minha cura.

No dia seguinte, eu não era mais o mesmo. Minha Mãe se tornou minha força e hoje estou curado.

Obrigado, Mãe querida.

P.T.

8

O NÓ DAS ENFERMIDADES

Quando somos acometidos por alguma enfermidade – diabetes, hipertensão arterial, artrose deformante, algum problema cardíaco, câncer e tantas outras doenças –, a primeira pergunta que fazemos é: "Por que eu, meu Deus? O que eu fiz para merecer isso?"

Nós nos dirigimos ao nosso Deus como se Ele tivesse nos enviado a enfermidade e fosse a causa de tanto estrago em nossa vida. Não deixe esse sentimento tomar conta de você!

Para sermos vitoriosos, o primeiro pensamento que devemos ter em mente nessa hora é o que afirmou São João:

Deus é amor (1Jo 4,8).

E São Paulo completa:

Aquele que não poupou seu próprio Filho, mas que por todos nós o entregou, como não nos dará também com ele todas as coisas? (Rm 8,32)

Quem nos separará do amor de Cristo?

... em todas essas coisas, somos mais que vencedores pela virtude daquele que nos amou (Rm 8,37).

Medite nessas palavras, leia e releia-as, para que seu coração se convença de que Deus não é causador de nenhuma enfermidade, pelo contrário.

Nenhum enfermo que se aproximou de Jesus para rogar sua cura saiu decepcionado, de mãos vazias, sem resposta. Ninguém, porque Deus é amor. O que havia nesses enfermos que sensibilizava tanto o coração do Médico Divino a ponto de conceder a graça da cura? Deus deseja concedê-la a Seus filhos que têm fé. A todos, Ele disse: "Vai, a tua fé te salvou! Vai, a tua fé te curou!"

Deus deseja fazer por você o mesmo que fez pelo paralítico trazido a Jesus pelos amigos; o mesmo que fez pelo cego de Betsaida; pela mulher que sofria de hemorragia e tocou a borda do manto do Senhor; pelo leproso agradecido.

Certa vez, um centurião, homem importante na época, comandante de cem soldados (daí o nome "centurião"), teve um servo, a quem amava e que adoeceu gravemente. O centurião enviou alguns homens para encontrar Jesus, suplicando-Lhe que fosse até sua casa para curar o servo. Jesus foi então com seus apóstolos, mas, antes que Ele chegasse, o centurião mandou Lhe dizer:

> *... não sou digno de que entres em minha casa; por isso nem me achei digno de chegar-me a ti, mas dize somente uma palavra e o meu servo será curado* (Lc 7,6-7).

E continuou:

> *Pois também eu, simples subalterno, tenho soldados às minhas ordens; e digo a um: Vai ali! E ele vai; e a outro: Vem cá! E ele vem* (Lc 7,8).

Jesus ficou admirado com a humildade e a fé desse homem e o apontou como exemplo para todo o povo ali presente. Nessa hora o servo se curou, porque a fé do centurião moveu o coração de Jesus para curá-lo.

Mas o que é a fé? Será que eu tenho essa fé do centurião? A fé é a certeza daquilo que não se vê. Portanto, mesmo que as situações não estejam caminhando como você deseja, continue orando na certeza de que Deus agirá em sua vida.

Deus deseja fazer por você o mesmo que fez com o servo. Peça que Ele derrame essa fé em seu coração. Com ela, aproxime-se Dele, aproxime-se de Nossa Senhora Desatadora dos Nós. Ela pedirá ao Filho por você. Ela, a Mãe, que tem muito mais poder junto ao Médico que o simples centurião que pediu por seu servo. Ela pedirá a Jesus por sua cura, sua filha, seu filho, a quem tanto ama. Ela pedirá e lhe será concedido, porque Ela é o começo dos milagres de Cristo!

Desperte do sono espiritual, pegue sua cama de hesitação e ande, corra com toda coragem, ousadia e fé em direção a Ela. Isso não significa negligenciar a nossa parte, deixando de consultar médicos, seguir talvez uma dieta, tomar medicamentos.

Devemos nos considerar vitoriosos em Cristo, que deu Sua vida para termos uma vida plena. Você precisa de um milagre em seu corpo? Deseja que Nossa Senhora desate o nó da enfermidade em sua vida? Além da fé, Deus nos mostra que a cura verdadeira se faz quando a graça toca o corpo, a alma e o espírito. Por essa razão, Jesus disse ao paralítico levado pelos amigos:

Filho, perdoados te são os pecados (Mc 2,5).

Se queremos a cura do corpo, temos que, com fé, entregar todo nosso ser, por inteiro, a Deus: nosso jeito de ser, de agir, nosso temperamento, nossa avareza, a vaidade, o orgulho, os erros do passado, tudo.

Quando você entrega toda sua vida a Jesus, Ele a toma, lava-a em Seu sangue preciosíssimo para purificá-la, torná-la limpa e deixá-la livre do mal. Para isso Ele derramou o Seu sangue – para lhe dar a cura total quando você pedisse.

Graças às Suas chagas, somos curados! Graças ao Seu sangue derramado das chagas do Seu pé esquerdo, do Seu pé direito, de Suas mãos, de Seus ombros, da Sua face, da Sua cabeça cravada por espinhos e do Seu coração transfixado, você receberá muito mais bênçãos do que pode agora imaginar.

Não seja aleijado pela dúvida. Entregue sua vida à Mãe e ao Filho. Permaneça na presença Deles sem cessar.

Não murmure se o que você está esperando não chegar rapidinho, como se viesse por Sedex. Fique na presença do Filho e da Mãe, porque assim você receberá o que necessita das mãos de misericórdia de Nossa Senhora Desatadora dos Nós. Lembre-se também de que a verdadeira cura faz você olhar longe, olhar o outro, tornando-se mais que piedoso, cheio de compaixão.

Nestes anos todos cuidando de pessoas com doenças avançadas, eu, Suzel, aprendi que a cura é muito mais ampla do que imaginamos. Cuidamos certa vez de uma senhora inesquecível para todos nós da equipe do hospital. Ela carregava no corpo, já extremamente frágil, uma doença gravíssima. Contou-nos que havia sido alcoólatra e tivera uma vida tomada pelos tumultos do vício. Cada vez que vinha à consulta, porém, tinha o sorriso mais lindo que já vi.

Ela me disse: "Eu encontrei a cura, doutora, encontrei Jesus e agora vivo com a paz que sempre desejei. Recebi o perdão de meus filhos, meu marido se converteu como eu, hoje ele é pastor e vivemos felizes. Não tenho mais nada a desejar". Pensando ser eu a mestra, compreendi com ela que a grande cura se faz no coração e que, através de uma enfermidade, podemos resgatar nossa vida perdida.

Ela não estava louca tampouco era uma crente fanática, como alguns dizem. Tinha uma lucidez fantástica e compreendeu que a maior cura era a da alma. Tivemos a oportunidade de conhecer seu marido, toda sua família e constatar essa cura!

A verdadeira cura faz você encontrar o real sentido da vida, tornar-se amigo de Deus e dos homens. A verdadeira cura o impulsiona a empunhar a bandeira da sua meta de vida e, sem desistir nem abaixar os braços, deixar um rastro de luz, um exemplo contagiante, um testamento de amor, ainda que seja um gesto, um olhar, uma palavra nunca dita nem vivida antes.

Não é agora que você vai se deixar abater. Aproveite esse tempo para rever sua vida, para fazer uma reflexão sobre o sentido da vida, e venha... venha para junto de sua Mãe, Aquela em cujas mãos não há nó que não seja desatado, e a paz invadirá seu coração.

Ore com confiança.

ORAÇÃO PARA DESATAR O NÓ DAS ENFERMIDADES

Querida Mãe, Nossa Senhora Desatadora dos Nós, Tu que sabes, com Teus dedos longos em misericórdia, indicar o caminho até o Médico Divino, acolhe-me na Tua presença hoje. Preciso tanto de Ti, Mãe, pois estou enfermo(a). Intercede por mim junto a Jesus.

Pelas Tuas virtudes, a luz veio pôr fim às nossas noites de amargura. Tira de mim, ó Mãe, a amargura que essa doença está me gerando. Ajuda-me a suportar o sofrimento que ela me causa, mas, acima de tudo, não me deixes perder a esperança, o ânimo, o sorriso e a certeza de que a bonança está por voltar.

Rogo-Te pela minha cura.

Pelas Tuas mãos, Deus abençoou a humanidade e conhecemos a paz. Desata então, Mãe, os nós da minha aflição, das minhas dores, dos medos profundos que carrego (*ponha nas mãos da Virgem Maria cada um dos seus medos*) e ensina-me a descansar em paz em Teus braços, como ficava Jesus, na certeza de que estás cuidando de mim.

Traze a paz, Mãe, para a minha alma aflita. Com Tuas mãos, acende o farol da graça divina dentro de mim, atua sobre o medicamento que tomo para que faça seu efeito, ilumina meu médico e fortalece quem cuida de mim. Dá-me o bálsamo divino capaz de cicatrizar todas as feridas do meu corpo e da minha alma.

Mãos de Mãe de Deus, mãos de Rainha, mãos santas que não param nunca de trabalhar, de servir Teus filhos amados, desatem o nó da minha enfermidade e que seja para a glória de Deus.

Mãos que abrem as comportas do céu a fim de que as graças do paraíso caiam sobre nós, desfaçam este nó, porque Tuas mãos me são um escudo invencível e trazem a vitória aos que Te pedem auxílio.

Crendo nisso é que coloco este nó em Tuas mãos, pedindo para desatá-lo. Minhas mãos tocam as Tuas, Mãe amada, e isso me traz paz e confiança, pois sei que já não estou só.

Mãe, desata este nó e não me soltes jamais. Desata o nó da minha dor, da vergonha que trago por estar magro(a), pálido(a), enfraquecido(a) e deformado(a). Tira de mim a dor do sentimento de ser inútil, pois não posso mais trabalhar.

Durante esse tempo, ensina-me belas orações e as mais lindas cantigas de louvor, aquelas que os anjos cantam para Ti no paraíso. Com certeza isso estará contando para salvar alguma alma perdida e fortalecer a minha. Não me deixes perder o sentido da vida. Não me deixes pensar que tudo acabou.

Tira de mim a vergonha de ser dependente de outros, de ter o corpo paralisado, de estar sem cabelos, de ser hoje diferente dos outros. Reconstrói minha dignidade, que perdi com essa enfermidade.

Tu, que fecundaste a vida, que carregaste a vida em Teu seio virginal, roga por mim Àquele que é a vida e vida sem fim. E que o poder salvífico de Cristo me resgate a vida e me liberte dessa doença.

Mãe do belo amor, que jamais deixas de ouvir os que recorrem a Ti, restaura as forças do meu corpo e da minha alma, fortalece a minha fé e faze nascer em mim uma nova alegria e uma esperança sem fim.

Tu, que fizeste reflorescer o paraíso, refloresce novamente a minha vida.

Obrigado(a), Mãe, pois graças a Ti Eva não chora mais, e meu pranto se transformará em dança.

Nossa Senhora Desatadora dos Nós, roga por mim.

Amém!

TESTEMUNHOS

Eu passei um momento de crise com a devoção a Nossa Senhora, não acreditava em seu poder, em sua misericórdia, em sua maternidade e pensava: *Só Jesus salva, Jesus é mais importante.*

Passei muitos anos nessa crise de devoção à Virgem Maria, e o primeiro passo para recuperar a fé na Mãe foi que, buscando os caminhos de Deus, fui fazer um retiro na Europa acompanhando alguns padres. No roteiro, após o retiro, estava programada uma visita a Lourdes, na França.

Foi ali o primeiro passo de minha volta a Nossa Senhora. Vi a procissão das velas, olhei um milagre na gruta e um padre me presenteou com um terço, dizendo que eu voltasse a amar minha Mãe. Ali começou todo um trabalho de volta à devoção a Nossa Senhora.

Durante a construção do Santuário de Nossa Senhora Desatadora dos Nós, em Campinas, Denis me convidou para o batismo de cinco jovens (que tinham vindo da França para ajudar na construção do Santuário) e para celebrar a primeira missa. Um desses jovens se converteu aqui no Brasil; era muçulmano e eu sou padrinho de batismo dele.

E foi ali que vi o trabalho da Virgem Maria no coração das pessoas, daqueles jovens que até hoje são cristãos fervorosos, com suas famílias. Depois disso tudo, realmente comecei a voltar para Maria e pedi que ela desatasse os meus nós, e ela foi desatando.

O maior nó foi quando fiquei doente. A turma da comunidade ia me visitar no hospital, muitos e muitos irmãos do Santuário da Desatadora iam lá e até me deram um ícone da Nossa Senhora, uma estátua que coloquei em cima da mesa no meu quarto de hospital.

Uma noite eu estava lá, desanimado por causa da doença, e clamei por minha mãe, por minha mãe natural, e tenho certeza absoluta de que naquela noite fui visitado por uma mulher. A dra. Suzel, conversando comigo, me disse: "Nossa Senhora foi até lá". Então realmente

Nossa Senhora Desatadora dos Nós me curou da minha doença, pois não tenho nenhuma sequela. Está claro que, se temos devoção, se confiamos em Nossa Senhora, ela realmente ajuda a resolver nossos problemas.

É bom que a gente vá através da Mãe; ir através Dela é mais fácil que ir direto. Ela pega nossos problemas, apresenta para Seu Filho e vem trazer respostas para nós. Isso eu não entendia – eu pensava que ter Jesus era mais importante.

É importante sim, mas eu não entendia esse aspecto da Virgem Maria: é a Mãe que pede para o Seu Filho, e Ele então devolve a resposta para Ela, que a traz até nós. Isso é tão simples, mas a gente só aprende no sofrimento.

Quando eu estava no hospital, aprendi essas coisas. Então um dia perguntei para Deus: "Por que será que a gente só aprende essas coisas no sofrimento?" Porque no sofrimento você deixa suas coisas pessoais e tem que se apegar a alguém, a Deus, a Jesus e a Maria, senão você morre, acaba.

Então é para isso que cada um de nós, como cristãos, devemos estar preparados: colocar nossas necessidades nas mãos de Deus, mas sabendo que também Maria está atenta à nossa vida e, nessa atenção, Ela vem desatar os nossos nós.

Quando você é sacerdote, ministro, precisa se colocar a serviço da comunidade e fazer sempre o melhor. Eu faço o meu melhor para Nossa Senhora Desatadora dos Nós.

Para você ter uma ideia, até o nó da pregação Ela desata. Às vezes chego no Santuário e nem sei qual palavra vou usar aquele dia, para aquele povo maravilhoso. Fico tentando encontrar e não sai, mas, quando vou celebrar a missa, a palavra aparece, porque ela precisa ser levada ao povo. É Nossa Senhora que desata esse nó para mim, porque "O mais belo de todo o ministério é a pregação".

Porque a fé vem por ouvir a pregação, não vem por outra coisa. A fé vem por ouvir a palavra de Deus, porque você abre a mente, e assim o Espírito Santo vem. Mas isso tudo é uma descoberta! Cada um tem que ter a sua experiência.

Testemunho dado por um padre

Sou de Feira de Santana, Bahia, e tenho uma filha que, aos 9 anos, começou a ter convulsões por cisticercose cerebral. Passou por uma trajetória muito longa tomando remédios, tendo convulsões e aquela coisa incansável que só uma mãe pode suportar, mas nada é impossível para Deus.

Em 2007, ela tornou a ter uma convulsão muito forte, que quase a levou a óbito. Morando já em Campinas, conheci Nossa Senhora Desatadora dos Nós, entreguei a Ela a vida da minha filha e Lhe supliquei que desatasse esse nó da convulsão.

Passados alguns meses, eu a levei novamente ao médico e ele suspendeu a medicação, dizendo que minha filha estava curada.

Agradeço à Mãe, Nossa Senhora Desatadora dos Nós, hoje e sempre, pela graça recebida.

T.R.O.

Estamos aqui para testemunhar uma graça alcançada através de Nossa Senhora Desatadora dos Nós. Nosso filho de 5 anos teve um câncer altamente maligno (neuroblastoma), que estava no estágio quatro. Ele apresentava metástase em cinco lugares. Éramos de Dourados, Mato Grosso do Sul, e deixamos tudo para trás para nos dedicar ao nosso filho. Graças a Deus e a Nossa Senhora Desatadora dos Nós, conseguimos a graça da cura.

Hoje, essas lágrimas que caem dos meus olhos são de gratidão e felicidade por termos conseguido a cura do nosso filho. Éramos muito apegados às nossas coisas e tivemos que deixar tudo pela família. Quero agradecer também pela receptividade que tivemos aqui no Santuário de Nossa Senhora Desatadora dos Nós.

Anônimo

Foram muitos os nós que Nossa Senhora Desatadora dos Nós desatou em minha vida, porém este nó desatado por Ela me fez realmente sentir a presença de Maria naquele momento difícil de minha vida. Muitas vezes Ela desata os nós e não percebemos; sabemos pedir a graça e esquecemos de agradecer quando a alcançamos.

O fato ocorreu no dia 30 de novembro de 2009. Tive um fluxo menstrual normal, que depois não cessou; já fazia três meses que estava com o fluxo constante. Após um mês, comecei a sentir dores do lado esquerdo da barriga. Marquei consulta com minha médica, relatei o que estava acontecendo, ela me examinou, inclusive com aparelho de ultrassom, disse que estava tudo bem e que o sangramento poderia ser devido a um distúrbio hormonal.

Voltei para casa, mas a dor e o sangramento continuaram. Após quinze dias, retornei em consulta com a mesma médica. Novamente ela me disse que estava tudo certo comigo e me receitou um remédio para o sangramento e outro para a dor. Voltei novamente para casa, confiante no diagnóstico da médica.

Comecei a tomar os remédios, mas após uma semana nada mudou; pelo contrário, a dor aumentou muito. Decidi passar pelo pronto-socorro, relatei os sintomas ao médico que me examinou e, para minha surpresa, ele me disse que a dor poderia ser por causa de gases. Pediu que eu continuasse tomando os remédios que a médica havia me receitado.

Naquela semana, passei pelo pronto-socorro todos os dias, pois a dor aumentava a cada dia, até que chegou o dia 30 de novembro de 2009. Passei todo o tempo deitada e, quando meu marido chegou do trabalho, quis me levar ao médico. Eram 23h30, a dor já estava insuportável e eu mal conseguia andar. Fui para o hospital pedindo a Nossa Senhora Desatadora dos Nós que nesse dia colocasse ali um médico atencioso e que desatasse esse nó difícil para mim, pois já não sabia o que fazer.

O médico que me atendeu disse que eu ficaria internada aquela noite, faria um exame de gravidez e no dia seguinte um ultrassom, para ver o que estava acontecendo. Fui colocada na enfermaria. Passada uma hora, chamei a enfermeira, pois estava suando frio e minhas mãos formigavam. Tentei levantar e desmaiei. Ouvi o médico dizer que minha pressão estava muito baixa e que eu poderia entrar em choque. Não sei o que fizeram comigo, sei que logo depois o médico falou: "Você está correndo risco de vida, está com uma gravidez ectópica (na trompa), sua trompa se rompeu e provocou uma hemorragia interna". Pedi que ligassem para o meu marido, mas ele olhou para mim e disse: "Menina, não podemos perder tempo. Seu caso é muito grave, você vai entrar agora no centro cirúrgico". Fiquei um pouco preocupada com a correria, mas tinha uma paz inexplicável no coração. A todo momento pensava em Nossa Senhora Desatadora dos Nós.

No corredor do centro cirúrgico, me entreguei nas mãos de Maria e tinha certeza de que nada de ruim aconteceria; eu mesma estava surpresa. Acordei na UTI às 8h30 da manhã. Estava com muito sono ainda, mas o médico estava ao meu lado e me disse: "Menina, você nasceu de novo. Você acredita em Deus?"

Respondi: "Claro que sim, por isso estamos conversando aqui e agora. Graças a Ele e a minha Mãe, Nossa Senhora Desatadora dos Nós".

Ele me disse: "Agradeça a Deus, pois você está aqui por um milagre. Sua vida ficou por um fio, não sabemos explicar, mas você nem precisou fazer transfusão de sangue".

Agradeço a minha querida Mãe, Nossa Senhora Desatadora dos Nós, por este e muitos outros nós desatados em minha vida!

Obrigada, Mãe querida.

R.A.L.

Há muito tempo recebi a bênção de conhecer Nossa Senhora Desatadora dos Nós, e por amor passei a servi-la no Santuário.

Devido a algumas tribulações pelas quais eu vinha passando, e com o objetivo de me distrair um pouco, programei uma pescaria com minhas duas filhas. Numa quinta-feira, acordei bem cedo e, ao me preparar para o passeio, inesperadamente caí no quarto. Minhas filhas se assustaram e, sem saber o que estava acontecendo, começaram a gritar para os vizinhos do prédio, pedindo ajuda. Uma ambulância foi logo providenciada para minha remoção até o hospital mais próximo.

Nossa Senhora Desatadora dos Nós, que jamais abandona um filho, já começara a agir, já intercedia por mim junto a Jesus nesse trajeto, pois lá chegando o médico que me atendeu fazia parte de uma conceituada equipe de neurologistas. Fui submetido a uma incisão na cabeça para tirar a pressão e realizar um exame de mapeamento. O aparelho, porém, estava quebrado, e por esse motivo fui transferido para outro hospital, onde havia muito mais recursos e uma Unidade de Terapia Intensiva muito bem equipada, com todos os recursos de que eu necessitava. Feitos os exames, os médicos diagnosticaram que eu era vítima de um aneurisma cerebral.

Meus familiares foram chamados e informados sobre a gravidade do caso. Uma cirurgia precisava ser feita o mais rápido possível e, caso esse procedimento não obtivesse sucesso, haveria necessidade de outra cirurgia, mais invasiva, em que a parte de cima da cabeça seria aberta. Era uma cirurgia de risco, em que as chances de sobrevivência seriam bem menores.

Fico imaginando hoje a profunda dor de minha família nesse momento em que eu corria sério risco de vida, o desespero de meus pais e de minhas filhas, pensando que talvez nunca mais me encontrassem lúcido ou vivo.

Meus irmãos em Cristo no Santuário entraram em oração e rogaram por mim à Mãe do belo amor. Hoje sei que muitas pessoas rezaram por mim durante muitos dias, e serei eternamente grato a esses corações generosos, que me deram a mais profunda prova de amor.

O sinal do céu veio rápido. A primeira cirurgia foi um sucesso, saí vencedor, porém fiquei quinze dias em coma induzido na UTI.

Os médicos não sabiam qual seria minha reação, se haveria sequelas, se eu voltaria a andar, a falar, pois tivera várias convulsões, febre alta, meu corpo estava inchado, meus pés e minhas mãos gelados.

“Eu não conseguia sair do coma induzido. Quando baixavam a sedação, eu ficava nervoso e arrancava todos os aparelhos que estavam em mim. Chegaram até a me amarrar na cama, mas minha família e meus irmãos no Santuário continuavam pedindo a Maria por mim. Meu nome estava na intenção de todas as missas celebradas, e ela jamais me abandonou.

Ministros do Santuário me visitavam na UTI e me levavam a sagrada comunhão. Fui até ungido por eles com o óleo que fica aos pés dela no Santuário.

Novamente veio o sinal do céu: Nossa Senhora Desatadora dos Nós me libertou das amarras em que aquela doença me mantinha. Saí do sepulcro em que me encontrava. Os médicos conseguiram tirar a sedação, saí do coma e minha recuperação foi rápida e maravilhosamente bem-sucedida, voltando para casa totalmente recuperado.

Quando retornei ao médico, a primeira coisa que ouvi foi que nasci de novo. Era um milagre eu estar vivo, pois poderia ter morrido ou ficado com graves sequelas.

Sou um milagre e estou aqui para testemunhar a cura pelas mãos de Nossa Senhora Desatadora dos Nós.

Serei eternamente grato a Jesus, a Nossa Senhora Desatadora dos Nós e a todas as pessoas que rogaram por minha recuperação.

G.A.B.”

9

O NÓ DAS MÁGOAS

Os índios da América Central caçam macaco da seguinte maneira: amarram no mato, sobre um galho de árvore, uma gaiola de cipó. Dentro dela há uma fruta bem maior que a pequena porta da gaiola. Por curiosidade e fome, os macacos se aproximam da gaiola, querendo, evidentemente, se apoderar da fruta. O mais guloso enfia a mão lá dentro para pegá-la, mas a fruta, bem maior que a abertura da porta, não pode ser retirada.

O macaco, que é um animal obstinado, tenta de todo jeito retirar a fruta cobiçada, mas não consegue. E assim cai na armadilha, apesar de sacudir desesperadamente e com toda força a gaiola. Chegam então os índios e, com suas longas flechas, matam o macaco, que morre segurando a fruta. Para ser livre, o pobre animal precisava simplesmente abrir a mão e abandonar a fruta.

Em sua simplicidade, essa história nos ensina muita coisa. Inúmeras vezes, sofremos e pagamos caro por não abrir mão de uma série de sentimentos (ódio, mágoa, raiva) que afetam de tal modo nosso ser que podem literalmente matar. Quando não matam, acabam nos fazendo prisioneiros, às vezes por toda a vida.

Para viver feliz e sem estresse, é preciso abrir mão, sem se apegar em demasia a nada, porque tudo nesta vida é temporário.

A mágoa é um desses sentimentos de que precisamos abrir mão e representa um grande nó a desatar. Há pessoas que morrem sem perdoar o filho, ou este sem perdoar a mãe. Como fica um coração que diz: "Jamais vou te perdoar"? Nenhuma fortuna do mundo poderá lhe comprar a paz.

Para sermos livres, precisamos abrir mão de nossos rancores e da falta de perdão, e não caminhar para a morte, negando-nos a nos desfazer deles.

Muitas vezes, passamos a abrigar, em nossa cabeça, juízes a quem damos autoridade para condenar o outro, sem que ele possa se defender. Não damos chance para que o outro se desculpe por suas falhas ou defenda suas causas, a fim de chegar à reconciliação.

Esses juízes dentro de nós passam a ser implacáveis, impiedosos, conseguindo nos atormentar dia e noite, porque não quisemos tomar uma única decisão: perdoar. Mas será que o perdão é uma lei humana? Não, é uma lei divina.

Após ensinar os apóstolos a rezar, utilizando uma oração simples e poderosa, que é o Pai-Nosso, Jesus, conhecendo o coração humano, disse logo em seguida:

> *Porque, se perdoardes aos homens as suas ofensas, vosso Pai celeste também vos perdoará. Mas, se não perdoardes aos homens, tampouco vosso Pai vos perdoará* (Mt 6,14-15).

Se essa lei é divina, é porque fomos feitos para o perdão. Precisamos perdoar para não viver como homens e mulheres acorrentados pelo passado, carregando correntes de rancores dolorosamente pesadas. O peso e os sofrimentos dessas correntes não param de nos machucar e vão se refletir cada vez mais em nosso olhar. Passamos a ter um olhar sem luz e sem paz. Um olhar sem vida. Um olhar triste, porque fomos vencidos não pela misericórdia, mas pelo espírito de vingança. E esse olhar está frequentemente no meio de nós. É tão comum!

É assim, com esse olhar e essas correntes, que entramos na igreja. E no momento da paz, antes da comunhão, como vamos desejar a paz de Cristo algemados dessa maneira? Que tipo de paz desejaremos ao outro? Como será o abraço que pretendemos dar no outro? Presos pelos punhos, como poderemos acolher nos braços o outro, acorrentados como estamos?

Antes de tudo, é preciso perdoar para ter paz dentro de si. Só então poderemos desejar a paz àqueles que estão ao nosso lado na igreja, ou em casa, aos nossos filhos, marido (ou esposa), amigos, ou a quem quer que nos rodeie e que precise de paz. Para readquirir a paz, precisamos nos confessar, o que significa passar pelo sacramento da reconciliação, nos reconciliar com aquele que expulsamos de nossa vida, a fim de quebrar as correntes que carregamos e voltar a ser livres, para finalmente poder ter, dar e transmitir a verdadeira paz do Senhor Jesus. Do contrário, a paz do Senhor que pretendemos dar ao outro não terá nenhum valor.

Agora, observe o seu olhar no espelho. Tome consciência da luz que ele deveria refletir e que talvez não reflita mais. Por quê? A vida dentro de nós se afasta por causa da opção de não perdoar. Ela se chama Jesus.

Você pode embelezar sua face, mas, se seu coração estiver envenenado pelo rancor, não pode injetar um raio de luz em seu olhar, porque o olhar é a janela do coração.

Há, dentro daquele que não quer perdoar, uma raiva contida, um furor latente, uma violência pronta a jorrar, a vontade de se vingar, de destruir quem o feriu.

Muitas vezes pedimos graças e bênçãos ao Senhor, mas escute o que Ele diz:

Um homem guarda rancor contra outro homem, e pede a Deus a sua cura!

(Eclo 28,3)

O que está escrito na Palavra? Leia nova e atentamente esse versículo. Como pedir a Deus a cura se você guarda rancor de alguém? Sua opção de não perdoar impede que o coração de Deus seja misericordioso com você. Ele não pode agir derramando bênçãos sobre quem tem mágoa, talvez ódio de alguém.

Além de ter as mãos atadas, conseguimos acorrentar o coração de Deus, que quer, sem dúvida, nos cobrir de bênçãos, mas não pode, porque escolhemos a morte com os nossos rancores, e não a vida, com o perdão.

Há muitas doenças psicossomáticas (dor de estômago, pressão alta, dores musculares etc.) decorrentes das mágoas, dos rancores que carregamos dentro de nós. Esse veneno com o tempo mata. Claro! Mata o corpo, mas também a alma. Somos, nesse caso, responsáveis pelo câncer que corrói nosso coração e também nossa alma, porque ela não foi criada para ser intoxicada mortal e diariamente pelo rancor.

Nossa alma, criada por Deus a Sua imagem e semelhança, é feita para Ele, feita para crescer em Sua presença, vencer nossas paixões nesta vida e não ser esmagada pela falta de perdão, com consequências devastadoras.

O que acontece no plano espiritual? Acorrentados desse jeito, nossas orações não conseguem chegar até Deus.

Podemos mudar de cidade, de país, de continente, mas a imagem daquele que expulsamos de nossa vida, com ira e talvez violência, continuará a nos perseguir onde estivermos. E, cada vez que rezamos, essa imagem se intercala entre o Senhor e nós, pouco importa o lugar onde estamos.

Vivendo assim, passamos a viver também a idolatria, porque entre nós e o Criador colocamos uma imagem que não desgruda mais de nós. Ela fica colada em nosso olhar espiritual. Essa imagem representa a pessoa que não perdoamos, fica diante de nossos olhos, em todas as situações. Assim, nossa vida de oração passa a ser estéril.

Há uma decisão vital a ser tomada, o quanto antes! Diante das consequências fatais da obstinação em não perdoar, o Senhor nos disse:

> *... passa por cima do erro que o teu próximo cometeu inadvertidamente* (Eclo 28,9).

O perdão passa a ser uma obra pessoal de misericórdia para não afundar e condenar aquele que está, talvez, muito mais ferido que nós. Isso nos leva a abrir mão de nossos rancores, de nossas iras, da necessidade demoníaca de nos vingar e do desejo de que essa pessoa morra.

Precisamos abrir mão do veneno que nos mata todos os dias. Esse é o primeiro passo para a cura. Temos dentro de nós três gigantes que lutam para nos impedir de ser felizes: a preguiça, a ignorância e o esquecimento. A preguiça nos leva a adiar a reconciliação, porque temos que sacudir nossa alma de sua letargia espiritual para que ela tome essa decisão. A ignorância tapa nosso juízo, que não quer enxergar as consequências devastadoras do rancor e das amarguras. E o esquecimento quer deletar a todo instante as admoestações, instruções e conselhos dados por Deus para nos tirar da espiral da morte, a que a negação do perdão nos leva.

Mas por que não queremos perdoar? Porque há um monstro dentro de nós que se chama "orgulho". Esse monstro é tão grande! Ele ocupa um espaço considerável dentro de nós e nos faz dizer o que não precisaria ser dito, comprar, ter coisas que também não precisariam ser compradas, enfim, tomar muitas atitudes que nos prejudicam.

Não perdoamos porque nosso orgulho foi ferido. Não queremos perdoar porque nos falta humildade. E, no entanto, se rebaixar perante os homens é subir ao coração de Deus.

É necessário esmagar o orgulho, apelando para a ajuda de Nossa Senhora Desatadora dos Nós.

O Senhor disse:

Não se ponha o sol sobre o vosso ressentimento (Ef 4,26).

Não guarde o ressentimento na escuridão da alma.

O mundo, com seus conceitos enganadores, quer nos convencer de que o tempo ajeita as coisas. Mas isso é uma grande mentira. O tempo envenena e piora nossa ira. Não adianta deixar correr o tempo; é necessário se reconciliar o quanto antes.

Não deis lugar ao demônio (Ef 4,27).

Por que razão? O demônio adora as discórdias, reina no meio delas. Das discórdias nascem todos os males. O demônio está sempre pronto a murmurar em nossos ouvidos que temos todo o tempo do mundo para pensar em uma reconciliação e que não há pressa. Ele nos quer subjugados pela ira que alimentamos dentro de nós.

Veja as terríveis consequências espirituais da obstinação em não perdoar:

1. Afastamo-nos das bênçãos de Deus, de Seu poder espiritual e de Suas graças.
2. Nossas orações não chegam mais Àquele que espera de nós uma única decisão, a de perdoar, para poder nos ajudar com a Sua força.
3. Rejeitamos a felicidade e a humildade necessária a todo crescimento espiritual.

Veja a consequência física:

4. Quantos de nós utilizam soníferos para poder dormir, porque são perturbados pela raiva e pelo rancor!

Veja as consequências sobre a nossa alma:

5. Nosso pobre olhar não reflete mais a luz para a qual foi feito.
6. Perdemos a paz interior.

Então, o que fazer para nos reconciliar? Como domar a ira e apagar os rancores? Onde estão as chaves libertadoras das algemas?

Há um caminho a seguir para chegar ao sucesso da libertação:

1. O primeiro passo é parar de se queixar daquele que machucou, feriu, pisoteou, desprezou, traiu, abandonou ou rejeitou você. Parar de se queixar dessa pessoa aos outros. Parar de se queixar horizontalmente. Isso significa parar de extravasar sua raiva sobre aqueles que cercam você e que não podem ajudá-lo(a) a resolver seus conflitos íntimos. Parar de espalhar sua raiva. Pense em seus próprios pecados, nas contas que você deverá prestar a Deus, e não perca de vista que a ira dirigida contra o outro vai recair sobre você.
2. O segundo passo é começar a se queixar verticalmente, à sua Mãe. O que isso significa? Começar a rezar para Ela, a procurá-La. De que maneira? Fazendo suas orações subir para o céu, fazendo novenas, a fim de que Ela amoleça seu coração, endurecido pelo espírito de vingança. Comece a comungar para si mesmo(a), para ter a força de tomar decisões regeneradoras. Queixar-se verticalmente significa apelar para o céu. Dirija a Ela sua queixa, crendo que Ela vai lhe dar

a força necessária para curar o abscesso do seu coração. Este segundo passo é o tempo das orações, para se fortalecer e amolecer seu coração endurecido pelo sentimento de vingança.

3. Reze por si mesmo(a) e por aquele que tanto ofendeu você. O coração dele também é uma bomba pronta para explodir, como o seu. Rogue a força e a misericórdia de sua Mãe, Nossa Senhora Desatadora dos Nós. Peça a cura. Faça a oração apresentada a seguir. Faça-a diariamente. Ela é o medicamento de que sua alma necessita.
4. Uma vez fortalecido(a) pelas orações, novenas, adorações, comunhões e visitas à sua Mãe, é necessário entrar em contato com a pessoa que crucificou sua vida por tanto tempo. Entre a etapa três e a quatro, não é estipulado nenhum tempo. Cada um progredirá em seu próprio ritmo na decisão de dar ou pedir perdão, à medida que sentir no coração que está pronto para esse encontro com quem o(a) magoou.

Tu que geraste o Senhor, nosso Piloto, apascenta o tumulto de minhas paixões e a tempestade dos meus pecados, ó Esposa de Deus. Eu invoco a tua compaixão; realiza o que te peço, tu que geraste a fonte de toda compaixão, o Salvador de todos aqueles que te cantam. *

Reconciliar-se é necessário. Mas de que jeito? Peça à Virgem Maria que passe na frente antes de você encontrar ou falar com a pessoa. Provoque esse encontro. Não esqueça que você deve a todo custo esmagar o espírito de polêmica no momento da reconciliação. Com humildade, peça perdão à pessoa, ou dê o seu perdão. Se ela precisar falar, deixe-a fazer isso sem a interromper. Você não fez todos esses esforços para reiniciar a briga. Aceite com humildade tudo que

* *Petit paraclisis à la mère de Dieu. Petit horologion* (Ode 4 Hirmos).

ela falar. Conte nesse momento com todo o apoio de Nossa Senhora Desatadora dos Nós. Invoque-A, clame a Sua presença. Aceite com espírito de humildade tudo que a pessoa falar. Seu silêncio é absolutamente necessário.

5. Dê agora o seu perdão "em nome de Jesus" e somente "em nome de Jesus". É Ele o grande reconciliador. Fale à pessoa: "Eu te perdoo/ te peço perdão em nome de Jesus. Eu te dou o meu perdão para sempre e te libero do mal que você me fez".
6. Abençoe agora essa pessoa que você acabou de libertar. Você também foi libertado. Mas, se por acaso a pessoa negou o seu perdão, o que acontece? Perante Deus você está liberto, pois fez sua parte. A outra pessoa assumirá diante Dele as decisões que tomou e a paz retornará para você.
7. Alegre-se por essa vitória e agradeça a presença e a participação de sua Mãe, Nossa Senhora Desatadora dos Nós, ao seu lado para iniciar outra vida. Mande celebrar uma missa em ação de graças e também pela vida da pessoa que você libertou. Caso ela já tenha morrido, ore e siga os passos da mesma forma.

A partir desse momento, você finalmente pode dar a paz de Cristo àquele que está a seu lado no banco da igreja, porque deixou de ter ira contra o próximo. Você permitiu que Cristo vencesse o mal dentro de você. Alegre-se e viva em paz!

Veja o que disse Santo Cura d'Ars: "Você quer ser feliz por um segundo? Vingue-se! Você quer ser feliz para sempre?"* Perdoe! O bom Deus, disse o santo, não perdoará senão aqueles que tiverem perdoado.

---

* *126 frases do Cura d'Ars: uma só pode mudar a sua vida!*, 4ª ed. Prefácio de Denis Bourgerie. Campinas: Edições Logos.

Os santos não têm ódio, ponta de fel: eles perdoam tudo e descobrem que nunca são demasiadamente ofendidos diante das ofensas que praticaram contra Deus.

Se você odeia alguém, esse sentimento negativo se volta contra você, porque fica em seu coração e acaba virando fonte de estresse, de falta de paz, de angústia, de desconforto interior, gerando o desejo de vingança – o que pode até levar à morte, sua ou de outros.

Deus o(a) ama e não quer isso para você, porque esses sentimentos, gerados pela mágoa, fazem mais mal a nós mesmos do que à pessoa que não conseguimos perdoar. Talvez essa pessoa esteja vivendo tranquilamente e nem tenha consciência do que nos causou.

Disse o Cura d'Ars um dia a alguém: "Mas você, então, não quer ir para o céu, porque não quer ver esse homem lá?" A resposta: "Ah, sim... Mas vamos procurar ficar bem longe um do outro, para não nos vermos lá..."*

Chega a ser cômico. Eles não terão essa preocupação, porque a porta do céu estará fechada ao rancor.

Ouça esta história...

Em uma clínica que acolhia enfermos graves, um homem morria de câncer generalizado. Sua mulher, depois de longas horas de trabalho, ia ficar com ele, até que um dia ela cruzou com o capelão e acabou contando a ele sua dor profunda, porque os dias de seu marido estavam contados.

O mais duro para ela era se ver obrigada a deixar o marido na mentira – duas vezes ela o havia traído e nunca lhe havia confessado isso. O marido estava nas últimas, mas plenamente consciente, e sofria muito.

---

* *126 frases do Cura d'Ars: uma só pode mudar a sua vida!*, 4ª ed. Prefácio de Denis Bourgerie. Campinas: Edições Logos.

Tomada de remorso, ela confessou finalmente o adultério ao capelão, que a impulsionou a pedir perdão ao marido.

– Jamais! É tarde demais, impossível agora!

– Não tema. O fato de você contar a ele e pedir perdão vai fazer bem tanto a ele como a você – disse o capelão.

Vinte minutos depois, ela saiu do quarto e veio em direção ao capelão para lhe agradecer. Seu marido havia respondido:

– As duas vezes, eu fiquei em dúvida... Se você soubesse o bem que me faz agora mostrando o seu arrependimento e vindo me pedir perdão... Esperei tanto por isso. Agora tenho paz! Eu perdoo você!

Ela retornou no dia seguinte, pois fora chamada para ir com urgência à clínica. O marido havia falecido. Seu semblante era sereno e esboçava um leve sorriso. O sorriso em seus lábios mostrava que sua alma estava em paz. Deus havia realizado sua promessa, feita pelo capelão: os dois receberam bênçãos.

Deus é fiel. Ambos estavam livres agora, pelo perdão dado e recebido. O amor entre eles fora reconstruído, no último dia!

"Com Jesus, às vezes parece tarde, mas nunca tarde demais", disse Jacques Marin em *Amar é perdoar.**

O que você está esperando? Nunca é difícil demais perdoar, se pudermos contar com a força do céu, com Jesus e Sua Mãe, Maria.

Diga: É hoje! Preciso voltar a sorrir! *Vou perdoar!*

E faça a oração.

---

* Coimbra: Emanuel, 1993.

ORAÇÃO PARA DESATAR O NÓ DA MÁGOA

Nossa Senhora Desatadora dos Nós, desata o nó da falta de perdão que guardo no coração. Hoje, confio este nó em Tuas santas mãos! Ajuda-me neste momento a desfazer as mágoas que carrego na alma, para que eu volte a ser feliz.

Roga a Jesus, Tu, que tão perto de Deus estás, a fim de que eu possa ter a força de perdoar todos aqueles que me fizeram sofrer, particularmente aquela pessoa (*diga o nome*) que ainda não perdoei. Hoje quero dizer: "Eu te perdoo em nome de Jesus e para sempre, porque a graça de Deus não pode fluir em minha vida sem esse perdão". Quero iniciar uma nova vida, renovando, com Tua graça divina, todos os sentimentos da minha alma. Mãe, vem em meu auxílio e traze-me o Espírito Santo renovador!

Ajuda-me, Mãe querida, a perdoar também a mim mesmo(a), por ter sido talvez o(a) causador(a) deste nó. E a perdoar a Deus por pensar que Ele me punia com o mal que me aconteceu.

Ensina-me a perdoar quem me traiu ou abandonou, quem me fez adoecer ou quem me fez perder alguém querido.

Ensina-me a perdoar quem me humilhou, roubou, desprezou na escola, no trabalho, na sociedade, me fez passar vergonha, necessidades ou me agrediu com gestos e palavras.

Ensina-me a perdoar quem me desrespeitou sexualmente, me estuprou e todos aqueles que me usaram como objeto e depois me descartaram (*faça silêncio agora e deixe a graça divina envolver você*).

Mãe do belo amor, vem com o Espírito Santo colocar a beleza do amor novamente em meu coração ferido. Toma a minha mão e guia-me com Tua força para eu perdoar meu pai, minha mãe, meus irmãos, enfim, cada membro de minha família de quem tenho mágoa (*faça silêncio e deixe a graça divina envolver você*).

Como Tu perdoaste, ajuda-me a perdoar quem me caluniou, criou armadilhas para que eu caísse e não se importou com os meus sentimentos, os meus problemas e a minha dor.

Hoje, tomo a decisão de perdoar, para que Tu possas desfazer este nó da amargura que carrego e abrir as comportas das graças divinas em minha vida.

Perdoo para sempre, em nome de Jesus, e atiro essas pedras pesadas da minha alma nas profundezas do mar, pois só assim poderei iniciar uma nova vida, sem nó e em paz!

Santa Mãe, Tu que tiveste o coração transpassado pela dor ao contemplar o sofrimento de Teu Filho, Tu, que tantas vezes foste agredida, humilhada, recebe em Tuas mãos este nó da falta de perdão e liberta-me dele.

Dá-me a força necessária para dar esse passo, dá-me a vontade de amar quem me feriu e a fé para crer que sem perdão não há bênção! E que a alegria do perdão hoje em minha vida seja mais forte e maior que qualquer ressentimento!

Nossa Senhora Desatadora dos Nós, roga por mim.

Amém!

TESTEMUNHO

Meu pai desenvolveu uma doença grave nos pulmões e precisou ser internado. Durante a internação, começamos a fazer a novena de Nossa Senhora Desatadora dos Nós diante de Sua imagem.

No sétimo dia da novena, meu único irmão, que há seis anos tinha decidido nunca mais falar com meu pai e nunca mais o visitara, para nossa surpresa apareceu no hospital. Foi até a UTI e, vendo meu pai emagrecido e fraco, pediu perdão a ele, dizendo: "Eu te amo, quero que você se cure e volte à minha casa". Os dois, pai e filho, não pararam de rezar em meio às lágrimas de reconciliação.

Agradeço a Nossa Senhora Desatadora dos Nós por ter conseguido o milagre da reconciliação na minha família.

Irmã A.H.

10

O NÓ DO DESCONTROLE DA LÍNGUA

O mau uso da língua é um nó? Claro que sim, e que nó! Na carta de São Tiago, há uma terrível advertência:

Se alguém pensa ser piedoso, mas não refreia a sua língua..., então é vã a sua religião (Tg 1,26).

O que significa esse versículo? Ser piedoso é uma boa coisa, sem sombra de dúvida. O mundo necessita com urgência de homens e mulheres piedosos, e ainda não desmoronou porque existem pessoas que oram nos mosteiros, os monges, os enclausurados, os anacoretas, os eremitas, assim como leigos que adoram o Senhor Jesus. Mas, se você não controla sua língua, vem o terrível veredicto: infelizmente, sua religião não vale nada.

Assim, as missas que você frequenta, as orações que faz, os grupos de oração de que participa, os terços que reza, tudo é em vão, inútil, sem nenhum valor, como explica São Tiago em sua carta, se você não contiver sua língua. Isso não é terrível?

No Salmo 33, como em tantos outros, o Senhor nos adverte sobre os perigos da língua:

Guarda tua língua do mal, e teus lábios das palavras enganosas (Sl 33,14).

Há três coisas que jamais voltam, diz um provérbio tibetano: a flecha lançada, a palavra dita e a oportunidade perdida.

Se sua língua não para de castigar a todos o dia inteiro, com suas críticas, seus julgamentos, suas observações, é porque você pensa saber tudo. Existem pessoas que nunca perdem a oportunidade de dar palpite sobre todas as coisas, tão grande é o seu orgulho!

Julgar é prerrogativa de Deus. Cada vez que você julga alguém, se coloca no lugar Dele.

Por causa do mal que nossa língua pode fazer, o Senhor disse:

... *põe em tua boca uma porta com ferrolhos* (Eclo 28,28).

E Ele volta a insistir ainda mais:

... *para a tua boca, [faze] um freio bem ajustado* (Eclo 28,29).

O Senhor fala de duas coisas bem distintas: uma porta com ferrolhos e um freio bem ajustado.

É necessário bloquear a todo custo o descontrole da língua. Por essa razão o Senhor diz para colocarmos, se preciso for, uma porta com ferrolhos em nossa boca. O ferrolho é uma tranca de ferro usada para fechar portas e janelas. Não é feito de material frágil, fácil de se romper. É de ferro, firme, forte, sem fendas, capaz de impedir que extravase o veneno que muitas vezes temos vontade de lançar sobre o outro.

E o Senhor insiste, dizendo-nos para pôr ainda um freio bem ajustado na boca, a fim de não permitir que nenhuma oportunidade seja usada para, com nossa língua, agredir quem quer que seja.

Aprender a se calar é uma graça a obter de Nossa Senhora Desatadora dos Nós, porque muitos nós em nossa vida e na vida de outros surgem pela maldade lançada através da língua.

Os freios ou mordaças a que Deus se refere são feitos normalmente para a boca dos cavalos, mas também para controlar nossos comportamentos impulsivos, como a impaciência, o mau humor, a irritabilidade e o vício maldito de rebaixar os outros a todo custo, com julgamentos implacáveis e impiedosos. Esse freio é necessário, útil, indispensável para vencer e reverter os maus hábitos.

Está escrito este mandamento na carta aos efésios:

Nenhuma palavra má saia da vossa boca (Ef 4,29).

De que maneira você obedece a essa ordem?

Cada ação provoca uma reação. Gostamos muito daquele ditado que diz que generosidade gera generosidade.

Por falta de controle da língua, quantas vezes dizemos palavras agressivas aos nossos filhos, marido (ou esposa), amigos ou familiares. Essas palavras invadem o coração de quem as ouviu como flechas envenenadas e por certo causam feridas que podem sangrar para sempre.

Quantos pais agridem os filhos com palavras terríveis: vagabundo, preguiçoso, vadia, imprestável... Por que não silenciar e orar antes de falar? Eis o segredo do controle da língua.

Será que temos consciência de que precisamos mudar sem demora e de que essa decisão não pode mais ser adiada? Precisamos receber essa graça quanto antes, para começarmos a ser felizes e para que nossos nós sejam desatados!

Você já pensou que aqueles que o cercam podem não estar felizes por causa de suas palavras duras, arrogantes, humilhantes? Em consequência, você também não se sente feliz e forma o nó da mágoa e da discórdia.

É preciso procurar por aquela que pode tudo e que, mais do que ninguém, soube silenciar: Maria, Mãe de Deus e sua Mãe. Aprendamos com Ela a silenciar.

Tomemos consciência de que esta graça pode ser recebida das mãos de Nossa Senhora Desatadora dos Nós: saber silenciar e falar somente para edificar o outro.

É necessário pedir com ardor e perseverança o controle de nossa língua à Virgem Maria. É o primeiro passo. A vitória não estará longe se agirmos assim. É agora o momento de abandonar a velha língua ferina, por causa de todas as palavras duras e injustas que machucaram e sujaram os inumeráveis corações que vivem ao nosso redor e geraram tantos nós.

Mas qual é o segundo passo? Fazer a novena, pedindo essa graça. Visite Maria em seu Santuário e apodere-se das graças que lhe são concedidas em Sua presença. Como Mãe que é, grande será Sua alegria em lhe ensinar a silenciar... e apenas falar as palavras certas no momento certo. Ela, como ninguém, soube fazer isso com dignidade de Rainha e quer lhe conceder essa herança.

"Se o Senhor nos deu uma boca e uma língua, é para dar graças a Ele e edificar o próximo", disse São João Crisóstomo, "e, se você arruína o edifício, é melhor se calar e nunca falar. Se as mãos de um pedreiro servem somente para destruir e não para construir, é melhor cortá-las."*

Um dos mais extraordinários ensinamentos de Jesus sobre o mal que a língua pode ocasionar e por que isso acontece está no Evangelho de São Mateus. Ali, Jesus mostra a verdadeira causa do descontrole de nossa língua, a razão do mau uso dela, o mal que isso nos gera e as atrocidades que causamos ao outro com a língua. Veja:

Alguns fariseus e escribas de Jerusalém vieram um dia ter com Jesus e lhe disseram: "Por que transgridem teus discípulos a tradição dos antigos? Nem mesmo lavam as mãos antes de comer". Jesus respondeu-lhes: "E vós,

---

* Commentaire sur l'épître de St Paul aux Éphésiens, homélie XIV.

por que violais os preceitos de Deus, por causa de vossa tradição? Deus disse: 'Honra teu pai e tua mãe...'" (Mt 15,1-4).

No entanto, eles se recusavam a fazê-lo, por causa de suas tradições, chegando a desprezar seus pais e recusando-se a socorrê-los em suas necessidades. E Jesus lhes disse:

Hipócritas! É bem de vós que fala o profeta Isaías: "Este povo somente me honra com os lábios; seu coração, porém, está longe de mim" (Mt 15,7-8).

Depois, Jesus reuniu-se com seus discípulos e lhes disse:

Não é aquilo que entra pela boca que mancha o homem, mas aquilo que sai dele (Mt 15,11).

Pedro tomou então a palavra, disse que não havia entendido e pediu a Jesus que explicasse melhor. Jesus chamou os fariseus de hipócritas e disse aos discípulos que a ficha mental deles precisava cair mais rápido. Será que a nossa também?

E explicou, como Mestre, que aquilo que sai da boca, a palavra dita por nossa língua, provém do que existe em nosso coração, e é porque o coração está sujo que sai toda a poluição que espalhamos sobre o outro com nossa língua.

Porque é do coração que provêm os maus pensamentos, os homicídios, os adultérios, as impurezas, os furtos, os falsos testemunhos, as calúnias (Mt 15,19).

Em outras palavras, Jesus ensina que é preciso ter o coração puro para que a língua seja uma bênção. Assim, você deve primeiro perdoar quem quer que seja, aceitar o outro como ele é, saber dizer não à impureza, não dizer sim àquele que convida você a trair seu marido (sua mulher), não se dobrar aos convites da corrupção, combater no coração a inveja.

Se estiver difícil fazer isso, é preciso rogar à Virgem Desatadora dos Nós que ligue seu coração ao Dela, para que você aprenda a silenciar como Ela silenciou, ou a falar apenas o que possa edificar, fazer bem ao outro. Mas, acima de tudo, para que Ela purifique seu coração, com a pureza do Dela.

O mal que existe em nosso coração escoa até a língua e se transforma em um nó a desatar. Esse nó vai provocar outros na vida das pessoas, e precisaremos prestar contas a Deus.

Por minha profissão de médica, eu, Suzel, já atendi muitas vezes pacientes com câncer avançado de língua. É uma das piores desfigurações que já presenciei. O tumor vai empurrando a língua para fora da boca, a língua cresce, incha e desfigura completamente o enfermo. Ele não consegue mais falar nem se alimentar, e a medicina pouco pode fazer nesses casos.

Não deixe que sua língua desfigure a bela imagem que lhe foi concedido ter, à semelhança de Deus. O Senhor lhe emprestou a palavra para louvá-Lo, glorificá-Lo e abençoar os outros. Onde está escrito que se deve utilizar o verbo, o falar, para xingar e amaldiçoar os outros e a vida?

Ao contrário, está escrito:

Que o Senhor extirpe os lábios hipócritas e a língua insolente (Sl 11,4).

"Eis", afirma São João Crisóstomo, "a origem de todos os males: a boca e o abuso que fazemos dela." Saem dela injúrias, repreensões, blasfêmias, incitações, impurezas, homicídios, adultérios, roubos, enfim, todos os crimes. Mas por que homicídios? "A injúria produz a ira, a ira os golpes, os golpes os crimes."*

"É necessário", continua São João Crisóstomo, "acostumar nossa língua a se reter, a se segurar. Essa contenção, esse controle nos traz somente benefícios, e o descontrole traz grande prejuízo. Feche a porta, tire o trinco. Se por acaso uma palavra violenta escapar de nossos lábios, é necessário rezar a Deus e orar pela pessoa ofendida e por nós mesmos. Como remédio devemos usar a oração e nos reconciliar com o ofendido. Nunca grite, assim nunca perderá o controle. Eis a chave para lutar e vencer a ira".** Se você não gritar, não se irritará. Se você gritar, se irritará.

É importante saber que, com Nossa Senhora Desatadora dos Nós, devemos antes de tudo pedir graças para nós mesmos. Temos medo de pedir para nós. Estamos sempre prontos para pedir para os outros e acabamos sendo os grandes esquecidos de nossa vida. Os anos passam, chegam os cabelos brancos e nada muda, porque sempre pensamos que pedir para nós em vez de para os outros é falhar contra a caridade. Peçamos a nossa Mãe que nos dê um coração puro e uma língua santa. Peçamos que todo nosso ser seja consagrado ao amor.

Nunca criticar passa a ser uma regra de vida, a regra de vida dos fortes. Agindo dessa forma, você passa a ser canal de entendimento, de indulgência, de tolerância, de amor, de compreensão. Começa a atrair os outros. Ontem você era um destruidor, hoje passou a ser um pedreiro, construindo uma ponte entre aqueles que o(a) cercam.

---

* Commentaire sur l'épître de St Paul aux Éphésiens, homélie XIV.

** *Homélies sur les épîtres de Saint Paul, tome 2: Lettre aux Ephésiens*. Paris: Editions Françoes-Xavier de Guibert, 2009.

Ontem você edificava muros, cada vez mais altos. E os outros se isolavam de você, por causa de sua língua repugnante. Não construa muros, construa pontes!

Aprenda, a partir de hoje, a conviver à sombra de sua Mãe, Nossa Senhora Desatadora dos Nós, que lhe dará diariamente a força para prosseguir na mudança, adquirindo um novo estilo de vida, um novo coração! Confie Naquela que desata os nós.Você tem tudo, sim, tudo a ganhar e nada a perder!

No século IV, Mônica se casou com um homem infiel e violento, que se chamava Patrício. A paciência e a mansidão dessa mulher, que hoje conhecemos como Santa Mônica, mãe de Santo Agostinho, venceram a brutalidade do marido. E ela passou a ensinar às amigas como mudar para atingir o parceiro e fazê-lo mudar também. Sabemos que ela nunca apanhou do marido, quando todas as outras mulheres apanhavam, o que era comum na época. Mudando, ela soube ser uma vencedora.

Isso significa que o campo de batalha está dentro de nós, nunca fora. Cura d'Ars dizia, ao iniciar o dia: "Vamos, minh'alma, trabalhemos para ganhar o céu".* Cada um de nós tem somente o dia de hoje para mudar, porque não sabemos se amanhã estaremos respirando.

É hoje o tempo da graça. Não exija mais que os outros mudem. Não se desgaste mais ao querer que os outros mudem, pois isso não vai acontecer. É dentro do seu coração que você deve colocar a ponta do arado. Se a terra do seu coração estiver endurecida, peça a Nossa Senhora Desatadora dos Nós que a amoleça. Peça para você e esqueça o resto do mundo. É você quem deve mudar primeiro.

---

* *126 frases do Cura d'Ars: uma só pode mudar a sua vida!*, 4ª ed. Prefácio de Denis Bourgerie. Campinas: Edições Logos.

"Que você diria de um homem que trabalhasse no campo do vizinho e deixasse o seu sem cultura? Mas é isso que fazemos muitas vezes. Preocupamo-nos com os pecados alheios e esquecemos os nossos. Quando vier a morte, que arrependimento por ter consagrado tanto tempo aos outros e tão pouco a si mesmo! Porque é de nós e não dos outros que daremos conta... Pense. É para nossa consciência que deveríamos sempre olhar, como olhamos as nossas mãos para saber se estão limpas."*

"Cada alma que cresce faz crescer o mundo", disse Elizabeth Leseur.** Na batalha das mudanças interiores, você não está sozinho. Nunca acredite nisso. O céu torce para que você seja o(a) vencedor(a) de sua língua. E o que acontece com as palavras que foram ditas?

Há mais de 1.600 anos, nos desertos do norte do Egito, um monge disse a um noviço que criticava todo mundo:

– Traga-me um peru e o depene.

Assim fez o jovem monge.

– Agora, recoloque todas as penas – mandou o velho sábio.

– Impossível – respondeu o jovem.

É assim com as palavras ditas. Não têm volta, não podem ser ajeitadas ou apagadas.

Pedro nos revela, em sua primeira carta, o segredo da felicidade:

Com efeito, quem quiser amar a vida e ver dias felizes, refreie sua língua do mal e seus lábios de palavras enganadoras (1Pe 3,10).

---

* *126 frases do Cura d'Ars: uma só pode mudar a sua vida!*, 4ª ed. Prefácio de Denis Bourgerie. Campinas: Edições Logos.

** "A alma que se eleva, eleva o mundo", in *Jornal e pensamentos de cada dia*. Rio de Janeiro: Leite Ribeiro & Maurillo, 1920 (instrução dada por Elizabeth Leseur a sua irmã).

Você ama a vida? Quer ser feliz? Então coloque um freio bem ajustado na língua. Cada vez que você for tentado(a) a abrir a boca de maneira inoportuna, repita este versículo curador:

Quem vigia sua boca guarda sua vida; quem muito abre seus lábios se perde (Pv 13,3).

E responda a esta pergunta: Será que terei hoje a audácia de dizer antes de dormir: "Senhor, trata-me amanhã como tratei os outros hoje"?

ORAÇÃO PARA DESATAR O NÓ DO DESCONTROLE DA LÍNGUA

Nossa Senhora Desatadora dos Nós, é aos Teus pés de Mãe que venho implorar uma graça. A graça de aprender a me calar.

Tu sabes o rastro de dores que deixo atrás de mim por causa da minha língua, que não consigo controlar, porque sou escravo dela. Tu sabes como a minha língua me manipula, me dirige, me controla, me acorrenta. Estou clamando agora a Tua ajuda para me livrar desse mal que arruína a minha vida.

Tu sabes as amizades perdidas por causa das minhas críticas. Os sonhos que abortei na vida dos outros por causa dos meus julgamentos. As perdas na minha vida por causa da minha impulsividade. A violência das minhas palavras destruidoras. O mal devastador que fiz e que não consegui ajeitar.

Perdão, ó Mãe do belo amor, por todas as feridas que causei no coração alheio, pelas palavras duras que falei.

Ajuda-me, porque acredito que Contigo vencerei o descontrole da minha língua. Cura a lepra da minha língua e do meu coração.

Coloca, ó minha Mãe, um freio bem ajustado na minha boca e dá-me um coração misericordioso como o Teu. Ensina-me Contigo a silenciar.

Tu, que estás cercada pela corte celeste, envia um anjo com um ferrolho na porta da minha boca, porque não quero mais ferir ninguém. Quero passar a exaltar as belas qualidades daqueles com quem cruzo, daqueles que Tu me confiaste e que Deus colocou em meu caminho.

Contigo, Mãe, tenho a certeza de obter a graça do controle da minha língua.

Nossa Senhora Desatadora dos Nós, roga por mim.

Amém!

TESTEMUNHO

Eu vivia discutindo com minha filha adolescente, porque muitos de seus comportamentos me desagradavam demais. Chamava-lhe a atenção, tentava corrigi-la, mas o fazia gritando e dizendo palavras extremamente ofensivas à sua pessoa. Creio que, mesmo estando errado, ninguém gostaria de ouvi-las. Isso só acabava piorando a situação, intensificando nossa discussão e aumentando nossas mágoas mútuas.

Um dia, ajoelhei-me diante da imagem de Nossa Senhora Desatadora dos Nós e pedi que me ensinasse a silenciar no momento devido, a falar com mais doçura com minha filha e a nunca mais repetir as palavras tão agressivas que eu usava.

Senti, naquele momento, que Nossa Senhora tocou profundamente meu coração, dando-me calma e serenidade nunca antes experimentadas por mim. A partir daquele dia, as palavras agressivas desapareceram de minha boca e aprendemos a dialogar mais, sem ofensas.

Obrigada, Mãe amada.

D.L.R.

11

O NÓ DA AVAREZA E DAS DIFICULDADES FINANCEIRAS

Eu, Denis, estava parado em um semáforo e presenciei esta cena: um mendigo se aproximou do carro à minha frente e bateu no vidro do lado do motorista, mostrando com a mão que estava pedindo esmola. O vidro não abaixou e o mendigo persistiu, batendo de novo, aguardando uma resposta, que não veio. Abatido e um pouco mais amargo, ele se dirigiu a mim, porque eu o conhecia, e me disse com infinita tristeza, apontando o carro com o dedo: "Este carro é um caixão!"

Deus havia acabado de falar através do mendigo!

Por que um caixão? As pessoas dentro do carro agiram como se estivessem mortas à misericórdia e à compaixão. Tinham o coração endurecido às misérias e às necessidades dos outros. E ele pedia tão pouco!

Vivemos em um país onde em quase todo farol há um mendigo pedindo dinheiro. Muitos se recusam a dar algo, por medo de ser assaltados. Outros julgam que o dinheiro servirá para alimentar o alcoolismo ou o vício em outra droga.

No meio disso tudo, veja o que disse um dos maiores santos da Igreja Católica, Cura d'Ars: "Algumas pessoas justificam sua recusa à esmola dizendo: 'Ele é um preguiçoso, poderia trabalhar, é jovem e tem braços fortes'. Outros dizem: 'Oh! Ele faz mau uso do dinheiro! Vai comprar cachaça'. O que devemos entender é que a misericórdia nos ensina que o pobre será julgado pela forma como usou a esmola que recebeu. Você será julgado pela esmola que poderia ter dado e não deu".*

Talvez também essas pessoas não saibam o que Paulo nos lembra em sua primeira carta a Timóteo:

> *... a raiz de todos os males é o amor ao dinheiro* (1Tm 6,10).

O amor ao dinheiro impede essas pessoas de enxergar uma vida humana destruída pela miséria e pela dor.

Deus diz:

> *Não desvies os olhos do indigente, para que ele não se zangue. Aos que pedem não deis motivo de vos amaldiçoarem pelas costas, pois será atendida a imprecação daquele que te amaldiçoa na amargura de sua alma* (Eclo 4,5-6).

Depois de tal advertência, você ainda vai negar esmola a um mendigo? Diante de um mendigo, é necessário passar pelo teste da misericórdia, dando esmola não somente para agradá-lo, mas para fazê-lo sorrir. Se lhe dermos uma esmola generosa para fazê-lo sorrir de felicidade, faremos também sorrir o Senhor. "Quando damos esmola, devemos nos lembrar de que é a Nosso Senhor, e não aos pobres, que a estamos dando."**

O que há de mais belo na vida senão ouvir de um mendigo: "Que Deus te abençoe e te devolva muito mais do que você me deu". É Deus falando pelos lábios do mendigo!

---

* *126 frases do Cura d'Ars: uma só pode mudar a sua vida!*, 4ª ed. Prefácio de Denis Bourgerie. Campinas: Edições Logos.

** *126 frases do Cura d'Ars: uma só pode mudar a sua vida!*, 4ª ed. Prefácio de Denis Bourgerie. Campinas: Edições Logos.

As pessoas se negam a dar esmola porque dentro de todos nós há um monstro gigante que nos atormenta, chamado avareza. Ele nos impede de ter compaixão pelos esmagados pela vida.

"A avareza ou a cobiça nos afastam de Deus, porque as riquezas deste mundo tomam o lugar Dele."* "O avarento prefere o amor do dinheiro ao amor do Cristo. Ele coloca o Criador da matéria abaixo da própria matéria, adora a matéria em vez de adorar a Deus, que fez a matéria" (São Nicetas).**

Não nos referimos somente à esmola, aos centavos que nos recusamos a dar aos mendigos nos faróis ou nas calçadas. Dirigimo-nos também ao sentimento que muitas pessoas têm de não dividir o que é seu com os menos favorecidos, de recusar dar sem querer nada em troca, à cegueira provocada pela avareza que impede de ver a necessidade de aliviar o sofrimento humano causado pela miséria, principalmente num país como o nosso.

Apesar de ter diploma, trabalho, casa, eu, Suzel, também passei a ser mendiga – foi o preço de sonhar construir um local digno para cuidar de enfermos sem recursos financeiros, portadores de doenças avançadas, no fim da vida. Um lugar onde pudessem ser cuidados de forma humanizada, recebendo o melhor que se pode oferecer com a medicina, mas também recebendo carinho, palavras de consolo, atenção para escutar o que necessitam dizer; um lugar para chorar, sorrir juntos, festejar, ser parceiros nesta caminhada, sonhar com eles os seus sonhos e torná-los realidade, celebrar a vida até o fim. Passei então a visitar pessoas e empresas para apresentar o projeto e mendigar...

---

* Alphonse e Rachel Goettmann, *Ces passions qui nous tuent*. Paris: Presses de la Renaissance, 1999.

** Alphonse e Rachel Goettmann, *Ces passions qui nous tuent*. Paris: Presses de la Renaissance, 1999.

Hoje sei um pouco, bem pouco (diante da imensa miséria humana), o que é ser mendigo, e confesso que tenho o coração transfixado quando, diante da dor e da miséria total daqueles que sofrem, ouço um não de quem tem helicóptero, iate ou uma mansão luxuosa, de quem gasta milhares de reais em uma noite celebrando seu aniversário, de quem tem tantas coisas que talvez lhe seja de direito ter, pelo seu trabalho, mas não tem compaixão.

Ter compaixão é ter o coração junto daqueles que sofrem, e a avareza não partilha com a compaixão, sentimento que, com certeza, garantiu o céu para todos que o puseram em prática. Jesus nunca condenou o rico, e sim o rico que não partilha.

Ouça esta história real e você vai compreender como é extraordinário o carinho de Deus pelos que mendigam e sofrem. Ele chega a enviar anjos para manter acesa a lâmpada de esperança, para dar forças e nunca vontade de desistir.

Certa vez, após presenciar uma recusa de auxílio de quem tem tanto para dar, voltei ao consultório para trabalhar. Minha secretária, uma mulher de fé inabalável e grande sensibilidade, percebeu como eu estava triste, mesmo porque ela partilha comigo, no hospital, da luta que travamos para aliviar a dor física, social, psicológica e espiritual dos doentes, tão carentes e sofridos, assim como de seus familiares. Sem dizer nada, ela começou a rezar por mim, para que eu não me deixasse abater.

Terminado aquele dia de trabalho, ela pegou o ônibus e continuou orando por mim no caminho até sua casa. De repente, sentou-se ao seu lado um senhor de idade avançada, muito simpático, com olhos extremamente azuis, e, ao vê-la chorar, lhe disse:

– Por favor, se a senhora me permite, posso lhe dizer uma coisa?

Ela olhou para ele um pouco surpresa e respondeu:

– É claro!

Então ele a fitou nos olhos e falou:

– Quem enxuga as lágrimas do próximo não tem tempo de lembrar das suas. Quem ajuda o próximo de coração ajuda a si mesmo na glória de Deus!

Tal foi a força dessas palavras em seu coração que ela perguntou se poderia anotá-las e quis saber qual era seu nome. Então ele respondeu:

– Pode me chamar de senhor desconhecido.

Chorando, ela se virou para a janela do ônibus e percebeu que, naquele momento, estava passando em frente à minha casa. Anotou rapidamente o que ele dissera e, ao se voltar para falar novamente com aquele simpático senhor, viu que ele não estava mais ao seu lado, vendo-o descer do ônibus, acenar para ela e partir.

Quem teria sido esse homem? Um anjo, trazendo palavras tão belas de consolo e força àqueles que, movidos pela compaixão, ajudam a enxugar as lágrimas do próximo? Um anjo trazendo a promessa de que quem ajuda o próximo estará um dia na glória de Deus? Obrigada, Mãe amada, obrigada, Jesus, por virem me trazer a consolação através de seus anjos.

"Meus irmãos", disse Santo Cura d'Ars, "pela esmola podemos facilmente resgatar nossos pecados e atrair as bênçãos mais abundantes do céu sobre nossos bens e sobre nós mesmos. Digamos ainda melhor: pela esmola podemos evitar as penas eternas. Os ricos encontrarão meio de expiar seus pecados, compadecendo-se dos pobres e ajudando-os quando possível. Vede, meus irmãos, que desse modo podemos todos salvar-nos. Se for dever indispensável aos pobres sofrer a pobreza com paciência e pedir auxílio aos ricos com humildade, é também dever indispensável aos ricos dar esmola aos pobres, seus irmãos, quando puderem, pois disso depende sua salvação. Mas infeliz aos olhos de Deus é aquele que, podendo fazê-lo, vê sofrer seu irmão sem ajudá-lo."*

Há no Velho Testamento um pequeno livro, fascinante, chamado Livro de Tobias. Já li muitas vezes suas páginas cativantes, cheias de ensinamentos e de descobertas espirituais extraordinárias.

Tobit, pai de Tobias, pensando que vai morrer, chama o filho para lhe deixar sua parte no testamento. As últimas palavras de um moribundo não podem ser desprezadas. Mas o que disse Tobit ao filho?

> *Dá esmola dos teus bens, e não te desvies de nenhum pobre, pois, assim fazendo, Deus tampouco se desviará de ti* (Tb 4,7).

Ele foi bem claro: *não te desvies de nenhum pobre.*

Um mendigo geralmente cruza nossa vida por alguns segundos. E quem pode dizer que ele não é um anjo mandado por Deus? Temos somente alguns segundos para nos posicionar perante Deus, porque:

> *Deus olha para aquele que pratica a misericórdia; dele se lembrará no porvir, no dia de sua infelicidade este achará apoio* (Eclo 3,34).

Que esplêndida promessa!

"Prisioneiro dessa paixão, o homem passa a ser seu próprio inimigo. Obcecado pelo medo de faltar, fascinado pela isca de ter mais, excitado pelo desejo de usufruir de seus bens, ele adoece; a ansiedade, o temor de faltar levam à angústia profunda, atormentam dia e noite. Ele maquina e calcula a fim de ter cada vez mais e não para de pensar em como poupar as perdas. Os desejos passam a ser obsessivos, os fantasmas tiram a paz e a alegria, a alma cai na depressão e na loucura. A

---

* Santo Cura d'Ars, *A respeito da esmola*. Campinas: Edições Logos, 2000.

avareza e a cupidez geram a tristeza, a agressividade, o ciúme, a ira e o ódio. O avarento desconhece o descanso."*

Acabamos de ver os frutos da avareza. Mas quais são os frutos da esmola?

> *... a esmola livra do pecado e da morte, e preserva a alma de cair nas trevas. A esmola será para todos os que a praticam um motivo de grande confiança diante do Deus Altíssimo* (Tb 4,11-12).

Como ela é preciosa! Como seus efeitos são poderosos! Não negue mais em nenhum caso a esmola, porque ela redime nossos pecados.

Antigamente, na Europa, as pessoas caridosas tinham, além de uma bolsa para colocar o dinheiro, uma esmoleira, para dar esmolas aos pobres. Que sabedoria divina!

Se a esmola tem o poder de redimir nossos pecados, não perca nunca mais a oportunidade, muitas vezes inédita, de acolher o pobre que vem ao seu encontro.

Veja as consequências de dar esmola:

1. Redime seus pecados.
2. Alegra o pobre e faz Deus sorrir.
3. Você recebe as bênçãos do pobre e também as bênçãos de Deus.

Mas dar esmola em nome de quem? De Jesus, mas também, como nos ensina Santo Afonso de Ligório, em nome de Nossa Senhora. Passe a dar esmola dizendo: "Receba este dinheiro em nome de Nossa Senhora Desatadora dos Nós". Como a sua Mãe vai se alegrar!

---

* Alphonse e Rachel Goettmann, *Ces passions qui nous tuent*. Paris: Presses de la Renaissance, 1999.

Comece a acumular riquezas nos celeiros do céu. A esmola vai curar você do medo de faltar dinheiro e quebrar as correntes da cobiça e da avareza. Porque "Deus quer curar a sua alma pela esmola e libertá-la de suas doenças. [...] Ela vai libertar você da escravidão dos bens deste mundo, das doenças, das agressividades provocadas pela avareza e restabelecer as relações entre irmãos" (São João Crisóstomo).*

E o arcanjo Rafael, *um dos sete que assistimos na presença do Senhor* (Tb 12,15) e que está aos pés de Nossa Senhora Desatadora dos Nós, diz a Tobit e a seu filho Tobias, antes de se separar deles:

> *... a esmola livra da morte: ela apaga os pecados e faz encontrar a misericórdia e a vida eterna* (Tb 12,9).

Você agora tem razões para ser um esmoleiro! Você não tem pecados a expiar? Então por que desprezar a esmola, que pode redimir suas misérias? Não seja insensato de desprezar essas oportunidades de receber poderosas bênçãos de Deus.

Todo cristão amoroso de Nossa Senhora Desatadora dos Nós deveria ser um esmoleiro. Ela dá graças e bênçãos com tanta generosidade e tanta rapidez! Você corre aos pés de Nossa Senhora Desatadora dos Nós porque ouviu dizer que Ela é extremamente generosa e misericordiosa, e você continua querendo ter, receber, mas nunca dar. Porém, quando está aos pés Dela, o verdadeiro pobre é você. Você geme diante Dela e não quer ouvir os gemidos daqueles que se aproximam de você!

Rogue à Mãe do belo amor para desfazer o seu nó da avareza e receba das mãos Dela o dom de abrir suas mãos àqueles que vêm bater na porta do seu coração! Você grita socorro a Ela e não quer ouvir os

* Alphonse e Rachel Goettmann, *Ces passions qui nous tuent*. Paris: Presses de la Renaissance, 1999.

gritos dos desesperados! Mude para viver como um vencedor que sabe que a lei divina é dar com alegria!

Dando ao pobre, você não empobrece, mas enriquece nesta vida e na outra. Não despreze as palavras do arcanjo São Rafael, repetindo-as muitas vezes para derrotar o espírito maligno que sussurra nos ouvidos do seu coração mentiras como esta: "Não dê, porque vai faltar a você!"

O Senhor já falhou com alguém misericordioso? E, para curar sua avareza, não pare de repetir este versículo, cada vez que você cruzar com um mendigo:

> *... a esmola livra da morte: ela apaga os pecados e faz encontrar a misericórdia e a vida eterna* (Tb 12,9).

Entre as últimas palavras de Tobit a Tobias, estavam estas:

> *Recomendai aos vossos filhos que pratiquem a justiça, sejam caridosos e esmoleres...* (Tb 14,11).

Passe então a ser um grande investidor no reino do Senhor e dê o exemplo, ensinando seus filhos a ser também misericordiosos esmoleiros por amor a Nossa Senhora Desatadora dos Nós.

É extraordinário ver como Nossa Senhora Desatadora dos Nós vem em nosso socorro também quando temos dificuldades financeiras. Desemprego, dívidas a pagar, propriedades que necessitam ser vendidas e outros tipos de nós que envolvem dinheiro também são desatados.

Poderia Ela, como Mãe, deixar de socorrer um filho em dificuldade, seja de que tipo for? Sendo generoso com o menos favorecido nesta vida, sua Mãe o(a) abençoará financeiramente quando você precisar.

Um dia você cruza com um mendigo que lhe pede tão pouco. Quem pode dizer que, no outro dia, não será você o mendigo, que estará a suplicar dinheiro a Nossa Senhora Desatadora dos Nós?

Ao longo dos anos, temos nos comovido com a imensa bondade dessa Mãe que tudo desata, inclusive nossas dificuldades financeiras. Neste momento, você, que tem dificuldade de dar um pouco do que é seu a alguém que tanto necessita, volte seus olhos a Nossa Senhora Desatadora dos Nós e ore.

ORAÇÃO PARA DESATAR O NÓ DA AVAREZA

Mãe querida, estou Te clamando hoje para me dares um coração generoso, esmagando em mim todos os receios de dar sem querer nada em troca aos que têm menos do que eu.

Vem desatar em mim a avareza que controlou a minha vida até hoje. Penetra na crosta endurecida do meu coração para que eu seja, a partir de hoje, Teu esmoleiro. Faze de mim Teu semeador no meio daqueles que gritam por misericórdia.

Tu, que geraste a verdadeira luz, ilumina os olhos espirituais do meu coração. Tu, que fizeste jorrar a fonte da imortalidade, vivifica-me, eu que estou condenado(a) a morrer pelo pecado da avareza. Tu, Mãe da misericórdia do Deus de piedade, tem compaixão de mim e cura o meu apego ao dinheiro.

Faze que eu seja digno, até o meu último sopro, de receber sem condenação os santos mistérios. Procura-me as lágrimas da conversão e da confissão, para Te cantar e Te glorificar todos os dias da minha vida. Faze-me generoso, e que a compaixão pelos que sofrem transborde o meu coração.

Nossa Senhora Desatadora dos Nós, roga por mim.

Amém!

ORAÇÃO PARA DESATAR O NÓ DAS DIFICULDADES FINANCEIRAS

Mãe amada, Nossa Senhora Desatadora dos Nós, venho a Tua presença neste momento para suplicar que desates o nó das minhas dificuldades financeiras, que tanto me afligem. Ajuda-me, Mãe. Em Tuas mãos de misericórdia coloco o negócio que venho tentando concretizar e que ainda não se realizou, o dinheiro digno para pagar minhas despesas, o nó das minhas dívidas, o meu desemprego, o empréstimo que não consigo encerrar, as dívidas que faço, gastando mais do que ganho, meu vício do jogo.

Mãe, resgata a minha dignidade perdida. Roga a Jesus que o Seu sangue precioso me liberte destes nós envolvendo o dinheiro e que o Espírito venha sobre mim com sua força e seu poder, tocando-me por inteiro, e que, conduzido por São Rafael, eu encontre o caminho e aprenda a tomar as decisões certas.

Nossa Senhora Desatadora dos Nós, roga por mim.

Amém!

TESTEMUNHOS

Um dia, movido pelo desespero e tendo ouvido falar de Nossa Senhora Desatadora dos Nós, fui à missa em Teu Santuário. Ao chegar lá, entrando em Tua casa, no telão em que são projetados os avisos, estava o anúncio de um livro chamado *Por uma graça esperada há dez anos*.

Após a missa, pedi a Nossa Senhora que me ajudasse, porque havia feito um financiamento e não estava mais conseguindo pagar as prestações, o que me levaria a perder minha casa.

Comprei o livro e comecei a fazer a novena. Para minha surpresa, percebi que, tal como a pessoa do livro, eu também tinha um nó a desatar fazia dez anos, pois fizera meu financiamento havia dez anos.

Pouco a pouco, como que por milagre, consegui pagar parte das prestações atrasadas, e hoje, passados alguns meses, estou muito perto de quitar o financiamento.

Descobri de maneira extraordinariamente carinhosa como minha Mãe nos abençoa também financeiramente, já me revelando isso no telão, assim que entrei pela primeira vez no Santuário.

Obrigada, Mãe querida, Nossa Senhora Desatadora dos Nós.

M.E.E.

Há nove anos, ao passar pela estrada que liga Campinas a Barão Geraldo, uma pequena e bela placa que indicava a entrada de um Santuário sempre me chamava atenção. Nela estava escrito "Santuário Nossa Senhora Desatadora dos Nós". Eu sempre passava apressada, sem tempo para as coisas de Deus. Nunca encontrava tempo para visitar a capela, pois as ilusões deste mundo, as coisas passageiras – como a vaidade com meu corpo, o tempo perdido aos domingos (dia dedicado ao Senhor) à beira da piscina com os amigos, os passeios fúteis ao shopping, o tempo perdido diante da televisão – me consumiam e tomavam toda a minha agenda, fazendo com que eu me esquecesse das coisas que jamais passam.

Atendendo ao desejo de minha mãe, mulher de grande sabedoria, fé e oração, a quem nunca neguei um pedido e que durante anos rogou a Deus por minha conversão, resolvi numa tarde de domingo conhecer o Santuário. Ao entrar, senti no mesmo instante uma imensa paz invadir meu coração.

A missa já havia começado, repleta de fiéis por todo canto. Uma equipe de música entoava um canto maravilhoso, dando glória a Deus, o que me tocou profundamente. Fiquei parada na porta, pois não havia espaço para entrar, quando de repente o sacerdote que celebrava a missa chamou as pessoas que estavam ao fundo para se aproximar do altar, pois havia um pequeno espaço a ser preenchido. Fui a única a me mexer, demonstrando interesse em participar mais de perto, e uma serva, um anjo do Senhor, me conduziu, me levando aos pés de Nossa Senhora Desatadora dos Nós. Eu nem sequer imaginava que, a partir daquele instante, a Mãe do belo amor mudaria minha história.

Senti o amor de Maria invadir meu coração, que batia mais forte; não era mais o coração de um católico morno, como eu havia sido por quarenta anos. Hoje sei que, naquela tarde, um anjo do céu me conduziu aos pés da Virgem Maria.

Nessa época, eu e meu marido atravessávamos uma grande crise financeira. Tínhamos acabado de perder nossa empresa, o país atravessava uma forte recessão econômica e os índices de desemprego eram altíssimos.

Nossas reservas financeiras se esgotavam a cada dia, e eu já estava entrando em desespero, pois nunca suportei a ideia de dever a alguém, de lesar uma pessoa. Comecei então a fazer a poderosa novena de Nossa Senhora Desatadora dos Nós. No terceiro dia da novena, enquanto eu rezava o terço, o telefone tocou. Era uma empresa chamando meu marido para trabalhar. A graça foi alcançada, a Mãe do belo amor me cobriu de bênçãos.

Passados alguns dias, estive no Santuário e me ajoelhei diante do quadro de Nossa Senhora Desatadora dos Nós, agradecendo a Ela pela graça já recebida e pedindo com muita fé por minha vida profissional, pois nossas dívidas eram enormes, e eu me preocupava muito com essa situação. Eu havia feito uma entrevista numa empresa de grande porte e estava esperando a resposta.

Ao fixar os olhos no quadro, percebi claramente o sinal que Ela me transmitia pela paz que senti, uma paz que não era deste mundo, algo indescritível, como se eu estivesse levitando. Meu coração parecia explodir de amor por Ela. Saí do Santuário convicta de que meu lugar estava reservado naquela empresa, que me chamou depois de quinze dias para iniciar o trabalho, e onde estou há mais de oito anos. Nossas dívidas foram quitadas em catorze meses.

Vivo hoje sob a proteção do Sagrado Manto da Santa Mãe de Deus, obtendo grandes vitórias em meu trabalho, em minha vida e com minha família, pois vivemos em imensa harmonia.

A mulher gananciosa que existia nove anos atrás já não vive em mim. Nossa Senhora Desatadora dos Nós e Seu filho Jesus me transformaram e me fizeram entender que o verdadeiro tesouro não está nos bens materiais, mas no bem que faço ao próximo, por meio das obras de fé e caridade. Estas, sim, me acumulam riquezas nos celeiros da eternidade.

Continuarei sempre nesta caminhada rumo à felicidade eterna junto a Jesus e a Nossa Senhora Desatadora dos Nós, a quem peço insistentemente: "Roga por mim, Mãe". Amém!

L.A.A.D.

12

O NÓ DA NÃO ACEITAÇÃO DO INEVITÁVEL

Existe um nó causador de grande sofrimento, que atinge muitos de nós e não nos deixa escapar das malhas apertadas de sua rede.

É o nó da não aceitação do inevitável. Mas o que isso significa?

Muitas vezes, passamos por situações definitivas ou que assim parecem no momento, porque não há como mudá-las para que fossem como gostaríamos. Podemos gritar, nos revoltar, fazer ameaças ou até decidir acabar com nossa vida, mas nem fazendo tudo isso a situação se transformaria. Temos que aceitá-la, porque ela é imutável, pelo menos naquele momento. Se você não fizer isso, vai gerar um grande nó em sua vida. Vai levar para dentro do peito uma revolta, que transformará você na mais amarga das criaturas, e Nossa Senhora Desatadora dos Nós, sua Mãe, não quer ver você assim.

Certa vez, um homem nos procurou, desesperado por ter sido demitido do trabalho, pedindo-nos conselhos e orações. Era um homem respeitável, culto, responsável por uma bela família, e havia trabalhado naquela empresa durante trinta anos. Isso é praticamente metade da vida! E a forma como a demissão aconteceu, sem ética, sem respeito, de forma desumana, o feria ainda mais.

O que fazer? Voltar lá, quebrar a cara do patrão, processar a empresa, pôr no jornal, sair na TV? Isso tudo de nada adiantaria e não traria o emprego de volta. Era preciso:

1. Aceitar o inevitável.

2. Perdoar quem o feriu.
3. Entregar sua vida, seu passado, seu presente e principalmente, naquele momento, seu futuro nas mãos Daquele que não falha nunca aos que a Ele recorrem com sinceridade de coração.
4. Voltar a viver, recomeçar a sonhar, fazer novos planos e construir novas metas, descruzar os braços e ir à luta de maneira diferente: dando liberdade para Deus agir, acreditando que Ele quer o melhor para você.

Oramos algumas vezes juntos e pudemos acompanhar a vida desse homem por alguns meses. Passados quatro anos, qual não foi nossa surpresa quando, em uma missa lotada na Catedral de Notre-Dame, em Paris, esbarramos em um senhor e vimos que nossos olhos já eram velhos amigos. Lá estava aquele mesmo homem.

Ele nos contou que aquela demissão, que um dia lhe parecera inaceitável, havia sido um meio que Deus usara para que ele pudesse realizar o que realmente sonhava. Estava muito bem empregado e feliz como nunca.

> *Coisas que os olhos não viram, nem os ouvidos ouviram, nem o coração humano imaginou, tais são os bens que Deus tem preparado para aqueles que o amam* (1Cor 2,9).

Eu, Suzel, também tive que aprender a aceitar várias situações dolorosamente inevitáveis e definitivas em minha vida. Entre elas, talvez a mais difícil tenha sido a perda de minha mãe. No entanto, é preciso lembrar que o amor de Deus e a presença de nossa Mãe, Nossa Senhora Desatadora dos Nós, jamais deixam de nos sustentar de forma extraordinária, principalmente nesses momentos de difícil aceitação.

A você, como a mim, só cabe dar a mão ao Mestre e à Mestra, para não afundarmos nas tempestades da vida.

Isso não significa ser passivo, cruzar os braços, deixar de requerer nossos direitos, parar de lutar para que se faça justiça, reivindicando, por exemplo, a punição do assassino de um ente querido, ou parar de rogar a Deus que liberte um filho drogado ou conceda a graça de que você necessita. Podemos fazer tudo isso, mas, para ter paz no coração, o primeiro passo é aceitar o inevitável e louvar a Deus por tudo que virá de bom a partir disso.

Pense na Virgem Maria aos pés da cruz, certamente aspergida pelo sangue de Seu Filho, que agonizava. Mais que ninguém no mundo, Ela tinha conhecimento das incalculáveis injustiças e condenações que haviam levado Seu Filho à morte. Sabia também as razões que haviam impulsionado aquela multidão enfurecida a sacrificar o Cordeiro, imolado por cada uma das pessoas daquela turba, e também por você e por mim.

Imagine os olhos da Mãe transpassados de horror, contemplando o corpo imaculado de Seu Filho coberto de escarro, suor, sangue, testemunhando o furor daqueles que participaram da maior das abominações na história humana. Ela nem tinha o consolo de poder se aproximar do corpo de Seu Filho, sendo empurrada e afastada pelos soldados romanos.

Sinta a desolação no coração da Mãe olhando Seu Filho, dilacerado numa cruz reservada aos piores marginais. Calcule as dores intoleráveis da Virgem Maria, acompanhando cada movimento da respiração de Seu Filho, que lutava contra a morte iminente.

Imagine o mais bonito dos filhos dos homens dilacerado e ensanguentado numa cruz. Suas mãos injustamente transpassadas por dois pregos, aquelas mãos que somente libertaram, aliviaram, acalmaram, acariciaram as crianças, enxugaram as lágrimas de uma multidão de homens e mulheres doentes e sofredores. Imagine aquelas mãos pregadas, sem a liberdade de abençoar.

Visualize o Amor morrendo, tomado por câimbras insuportáveis. Sinta a Virgem Maria olhando o abominável espetáculo da moita de espinhos coroando e furando aquela cabeça adorável, que Ela acariciou e beijou tantas vezes!

Diante dessa situação inevitável, o que Ela fez? Revoltou-se? Ficou amarga? Recusou-se a perdoar? Entrou em depressão? Condenou os algozes e todos aqueles que julgaram Seu Filho? Amaldiçoou a multidão? Quis se suicidar por causa dessa dor insondável? Lamentou-se da perda daquele Filho único, amado, e de não ter um ombro para acolher a explosão de Seu pranto e proteger Suas dores? Acusou Deus por Seu silêncio aparente?

Não, Ela simplesmente aceitou o inevitável. E abriu para sempre o caminho a todos aqueles que, depois Dela, precisariam aprender a aceitar o inevitável. Ela é a Mãe, a Mestra, que quer ensinar a Seus filhos a forma verdadeira de ser feliz.

Você decerto conhece Santa Mônica. Seu filho se deixou seduzir pelas tentações do mundo e se deliciou durante muitos anos com os prazeres da carne. Chegou a ter um filho com a amante, e para Santa Mônica, que não parava de rezar pela conversão de seu filho, quantos foram os sofrimentos! Além de ser seduzido e preso pela sexualidade fora do casamento, ele caiu nas garras de uma seita, o maniqueísmo, e rejeitou todos os ensinamentos cristãos que sua mãe, com amor e dedicação, lhe havia passado na infância.

O coração de Santa Mônica foi encharcado de dores e transbordou de lágrimas durante muitos anos. Foram tantas lágrimas que um dia, visitando um bispo e lhe abrindo o coração, ela ouviu esta resposta:

"Um filho que provoca tantas lágrimas à sua mãe não pode se perder". E ela aceitou o inevitável. Não por um mês nem por um ano, mas por treze anos... E, porque ela aceitou as escolhas do filho sem perder a paz, porque o entregou a cada minuto nas mãos do Senhor, Deus agiu poderosa e extraordinariamente, transformando esse filho em um dos santos mais fecundos da Igreja Católica. As opções de seu filho chocavam violentamente seus valores morais e cristãos. Ele fazia tudo que ela rejeitava. Mas ela aprendeu a entregar esse tudo a Jesus.

A permanência dela em Deus, vivida na oração e numa confiança inabalável, trouxe a graça do arrependimento à vida de seu filho. Sim, esse dia chegou: ele se converteu ao cristianismo e renunciou às falsas filosofias e teorias da seita à qual pertenceu por tantos anos, mas que não lhe trouxeram a luz, a verdade e as respostas ansiadas por seu coração.

Anos depois, ele foi ordenado sacerdote, nomeado bispo e se tornou um pregador incansável. É doutor da Igreja porque soube instruir os cristãos com ensinamentos fecundos e luminosos, graças ao tamanho de sua fé.

Sim, até sua morte, ele não parou de crescer no caminho da santidade e assistiu com espanto, no entardecer da vida, à derrocada de seu país, destruído pela invasão dos bárbaros, que arruinaram todo o Império Romano. Ele também aceitou o inevitável, ao ver o cristianismo ser quase destruído. Seu nome é Santo Agostinho.

Santa Mônica, que conseguiu converter também o marido pagão aos valores cristãos, não se revoltou contra Deus por causa das atitudes do filho. Pelo contrário, ela se agarrou a Deus sem se desesperar, aceitando o inevitável e o inaceitável. E, porque o Senhor é fiel, ela foi testemunha da conversão de seu filho. E não desgrudou do filho amado até que ele se convertesse. Uma vez convertido, ela partiu, depositando-o nos braços Daquele que permaneceria com ele, para ajudá-lo a crescer até o encontro final.

Santo Agostinho não precisava mais da mãe. Ele tinha feito o encontro de sua vida! Ela o entregou àquele que *não há de dormir, nem adormecer, o guarda de Israel* (Sl 120,4), àquele que *não permitirá que teus pés resvalem* (Sl 120,3).

É somente aceitando o inevitável e confiando tudo a Deus que podemos manter a paz no coração e ver um dia a aparente tragédia se transformar em graça divina.

Como Mestra nisso, é necessário pedir a Nossa Senhora Desatadora dos Nós, a Intercessora, a Clemente, esta graça: aceitar o que relutamos em admitir. E porque não queremos aceitar, perdemos a todo momento a paz, a alegria de viver e a serenidade.

As situações da vida, os fatos, as reações dos outros, as atitudes daqueles que nos cercam não são como queremos, mas como são. Não podendo mudá-los, resta-nos somente aceitá-los e orar, louvando a Deus pelo que Ele fará. Não podemos mais nos obstinar em querer mudar o que não está ao nosso alcance.

O rei Davi disse:

> *Por muito tempo minha alma tem vivido com aqueles que detestam a paz* (Sl 119,6).

Mas quem rouba minha paz senão minha própria obstinação, minhas cobranças de querer que as coisas e os outros mudem e se dobrem a minha vontade?

O nó da obstinação, uma vez desatado, se chama aceitação. Mas como chegar lá? Com perseverança e oração, teremos a força para aceitar o inevitável. E o Senhor Jesus nos ensinará a nos jogar nos braços daquela que carregou o Vencedor, para que alcancemos a vitória.

Se você está passando por uma situação difícil de aceitar, pense que há um caminho a tomar. Entregue sua revolta, sua dor, sua vida por inteiro nas mãos Daquela que foi mestra nisso, sua Mãe, Maria, e Ela lhe mostrará o que fazer e Lhe concederá a vitória. Fale com Ela.

ORAÇÃO PARA DESATAR O NÓ DA NÃO ACEITAÇÃO DO INEVITÁVEL

Mãe querida, dirijo-me a Ti, neste momento, porque trago a alma partida, o coração a explodir pela dor provocada por essa situação, que me é tão difícil de aceitar (*conte à Virgem Maria o que está acontecendo*).

Dá-me a Tua força, Mãe e Mestra, para aceitar o inevitável. Infunde no mais profundo do meu ser Teu amor por mim, para que eu não me sinta mais só e Contigo seja conduzido(a) a entregar minha vida, a vida das pessoas que me provocam essa dor, as situações que vivo neste momento, tão difíceis de aceitar, minha enfermidade/a doença ou o vício de meu(minha) filho(a)/meu divórcio/minha revolta pelas dificuldades financeiras/minha solidão, tudo enfim, Mãe, em Tuas mãos, que a partir de hoje começarão a agir nessa área do meu ser.

Eu Te agradeço por rogares por mim junto a Jesus e bendigo o Senhor pelo esplêndido plano de amor que Ele tem para mim.

Nossa Senhora Desatadora dos Nós, roga por mim. Obrigado(a) por já estares agindo em minha vida, embora eu não veja agora.

Amém!

TESTEMUNHOS

Quando meus pais se separaram, eu tinha 1 ano. Fiquei morando com minha mãe, mas meu pai era bastante presente, até quando completei 15 anos. Após essa idade, sem qualquer justificativa, meu pai se distanciou, de forma que não nos falamos mais. Ele se casou novamente e teve outros filhos.

Eu sempre tentava contato, no aniversário dele, no Dia dos Pais, no Natal, porém nunca conseguia falar. Ele não me atendia e também não me ligava nas referidas datas, incluindo meu aniversário. Claro, era uma situação que me deixava bastante triste e magoada.

No ano de 2002, comecei a frequentar o Santuário de Nossa Senhora Desatadora dos Nós. Desde então, sempre pedia que Ela tocasse o coração de meu pai, para que ele voltasse a ser presente como antes.

Nesse período, eu me formei e me casei, mas ele não compareceu nem em minha formatura nem em meu casamento, ocasiões muito marcantes em minha vida, o que certamente me deixou ainda mais magoada.

Até que, certo dia, após algumas conversas que tive com o fundador do Santuário, ele me ensinou a rezar e a pedir, dizendo que eu deveria pedir antes por mim, para que eu aceitasse a situação, porque, no momento em que eu aceitasse o que estava acontecendo e perdoasse meu pai por toda mágoa em meu coração, Maria certamente me daria a resposta... qual seja, a graça tão esperada.

Assim, nunca deixei de rezar a Nossa Senhora Desatadora dos Nós e, ao mesmo tempo, agradecer pelo Santuário fazer parte da minha vida.

Certo dia, resolvi ligar para meu pai e convidá-lo para vir à minha casa; era meu aniversário de 30 anos. Para minha surpresa ele aceitou, e desde então me trata como filha, com amor, como me tratava antes.

Hoje tenho 30 anos; esperei quinze anos, metade da minha vida, pela graça de ter meu pai presente de novo em minha vida! E, graças a Deus e a Nossa Senhora Desatadora dos Nós, alcancei essa graça tão sonhada.

E é por essa e por tantas outras graças que recebo diariamente que trabalho com tanto amor e dedicação na casa de Nossa Senhora Desatadora dos Nós e para Ela!

D.R.O.B.C.

Uma de minhas alunas me contou um dia que estava extremamente aborrecida porque seu filho, um homem brilhante, caíra nas mãos de uma seita. Apesar de todas as tentativas, suas e de sua família, para abrir os olhos do filho, que era manipulado, ela não conseguira a menor mudança.

Ele parecia se afastar cada dia mais da família, dos amigos e da vida profissional. Ela estava desesperada e não conseguia admitir aquilo. Não conseguia, sendo católica, aceitar a situação e se culpava, culpava toda a família pelas omissões, e o desespero tomou conta de seu coração.

Propus assim fazer com ela a novena de Nossa Senhora Desatadora dos Nós. E então a iniciamos, juntas. Uma semana depois, encontrei minha aluna transtornada pelos eventos que haviam acontecido.

Em primeiro lugar, a seita expulsou seu filho, mandando que ele nunca mais se aproximasse deles, os procurasse ou os encontrasse. Isso era inacreditável, porque ele não quis deixar a seita, mas foi expulso. Logo ele encontrou uma pessoa pela qual simpatizou. O impensável é que essa pessoa era especializada em dependentes de seitas! Assim, seu filho foi auxiliado sem demora por uma equipe de terapeutas competentes, que o ajudaram muito.

Graça a Nossa Senhora Desatadora dos Nós, ele conseguiu superar esse trauma e reencontrou o trabalho e o equilíbrio.

G.V.

13

O NÓ DA COBIÇA POR MULHERES MAIS JOVENS

Você se lembra daquela moça que o acompanhou ao altar? Tão bela, olhando para você com um semblante luminoso? Você se lembra do buquê que ela tinha nas mãos, preparado com tanto gosto? E da dificuldade com a qual ela andava, com os sapatos brancos e novos machucando seus pés? Você tinha com ela um imenso projeto de vida, cercado de muita esperança. Seu sonho era construir um futuro a dois... Você se lembra desse momento?

Talvez você estivesse incomodado em seu paletó apertado e certamente alugado. Você se lembra do alfinete que colocou na barra da calça para ajustá-la nos últimos momentos antes de entrar na igreja? Você se lembra do que carregava no coração? Você pensava: *É com você que quero construir minha vida. É com você que quero envelhecer... Você, meu porto! O cais onde deixei minhas malas, porque enfim a encontrei!*

Seu coração estava tão repleto de sonhos que não poderia contar todos eles. Você se lembra desse dia? Talvez fosse um dia de inverno, com um céu fabuloso e imenso, como seu amor. E a luminosidade! Era tudo tão brilhante, era um dia perfeito. A luminosidade transpassava o coração daquela que lhe suscitava um amor tão grande, e transpassava o seu também.

Foi ontem... Esse ontem talvez tenha um ano, dez, vinte, trinta, quarenta... Seu corpo envelheceu, mas seu coração, não. Ele não pode enferrujar nem envelhecer, porque é feito para um amor que desconhece as rugas, o amor de Deus! E, no entanto, no decorrer dos anos, seu olhar perdeu a transparência, porque hoje você cobiça mulheres mais belas e mais jovens que sua esposa.

Cada vez que olha uma mulher jovem, bonita, com um belo corpo, você se machuca, porque essas imagens ficam gravadas em você e o manipulam, permanecem sempre em sua mente. Quando você se dá conta, elas já o levaram a desejar essas mulheres, e você fica acorrentado a elas. Isso cria um nó, porque do desejo logo surge a concretização do ato, e você perde a graça divina, por causa da infidelidade.

Vivenciamos hoje um bombardeamento constante de imagens de belas e jovens mulheres na TV, nas propagandas, nas revistas, nos jornais, nas festas, no trabalho. Mas a beleza e a juventude são presentes de Deus. O que não é de Deus é a cobiça, a sensualidade desmedida, a luxúria, a infidelidade. Infelizmente, nossa sociedade incorporou tudo isso como um troféu valioso, e os homens preparam-se como verdadeiros atletas para conquistá-lo. Tingem os cabelos, tornam-se musculosos, gastando diariamente horas e horas para isso, fazem plásticas, utilizam medicamentos para aumentar o vigor sexual, buscando a juventude que passou. Esses homens se ligam cada vez mais a mulheres jovens e com elas procriam, porque, nesses relacionamentos, os filhos muitas vezes são sinais de virilidade e juventude, que eles precisam mostrar a si mesmos e à sociedade.

E muitas jovens se deixam levar pelas propostas de sucesso e segurança, somadas talvez ao medo de ficar sozinhas. Tornam-se sedutoras, passando por cima de qualquer princípio de moralidade.

Você pisoteia seus sonhos de outrora e também seus compromissos, votos e juramentos mais sagrados! Mas isso não passa despercebido aos olhos de Deus. Em seu olhar de homem, há hoje muita cobiça por mulheres mais jovens, belas e atraentes que sua esposa, que não para de envelhecer. Mas você já esqueceu que ontem subiu os degraus do altar e ofereceu a sua esposa toda sua vida, seu coração, sua juventude, seus sonhos, sua força e várias outras promessas... E hoje, diante daquela que você amou com paixão, não consegue segurar o seu olhar! E, cada vez que sua esposa percebe esse olhar de cobiça, você transpassa também o coração dela.

Ontem, você falava a toda hora que a amava, mas hoje seus olhares perfuram o coração dela e geram nela chagas e ferimentos. É essa a prova do seu amor?

O Senhor diz:

> *Regozija-te com a mulher de tua juventude... Que sejas sempre embriagado com seus encantos e que seus amores te embriaguem sem cessar!* (Pv 5,18-19)

Ele insiste:

> *Por que hás de te enamorar de uma alheia e abraçar o seio de uma estranha?* (Pv 5,20).

O que você carrega por trás desses olhares de cobiça, de desejo e talvez de provocações? Que sonhos e fantasias alimenta no silêncio e na obscuridade do seu coração?

Neste momento, você não se lembra mais da mulher de sua juventude... Já esqueceu a profundidade, a transparência, a confiança e o abandono de seu olhar no altar?

Como está seu casamento? Atenção com a estratégia que os espíritos malignos podem elaborar contra você, aprisionando-o no adultério! Por exemplo, sabendo que você não cairá imediatamente, os espíritos dos quais fala Paulo na carta aos efésios podem lhe apresentar imagens perturbadoras, captadas pela televisão, pela internet ou por seus olhares.

Você pode não sucumbir ainda, mas falta-lhe prudência! Uma brecha foi aberta, uma rachadura que eles vão manter, sem parar de explorar, utilizando sua curiosidade impura e insana. A obsessão pelas imagens vai asfixiar dia e noite sua alma, e outras etapas vão se seguir para levá-lo à queda. Por exemplo, encontros fora do casamento, o início de uma ligação, outros encontros, e assim, passo a passo, esses espíritos vão convencê-lo a cair nas delícias infernais do adultério. A estratégia a longo prazo será um sucesso, você passará a ser presa fácil, e os lençóis conjugais estarão manchados para sempre... Estará criado um nó, ou talvez vários.

Sempre consideramos os motéis espalhados ao redor de cada cidade como uma lepra a serviço da mentira, alimentando a hipocrisia monstruosa e todo tipo de vícios. Com suas entradas feitas para esconder, para ocultar dos olhares dos homens, tentam preservar o lamaçal dos corações e encorajar os fantasmas das mentes maliciosas. Mas na verdade não existe uma entrada de motel que possa nos esconder do olhar de Deus, que acompanha todos os nossos passos e gestos, ouve todas as nossas palavras e conhece nossas intenções e pensamentos.

Seu casamento está balançando, atravessando uma crise? Você se sente tentado a trair sua esposa? Cuidado com as pessoas que torcem para que você fracasse! Não faltarão homens para encorajá-lo a enganar sua esposa.

Mas não esqueça que Nossa Senhora Desatadora dos Nós torce com todo Seu coração de Mãe e de mulher para que você supere a separação, o esfriamento prolongado do relacionamento com sua esposa, o desentendimento crônico, a ternura que não existe mais, a cumplicidade que desvaneceu.

Sim, Nossa Senhora Desatadora dos Nós quer entrar em sua vida para reacender o amor, dentro do seu coração de homem, por aquela a quem você jurou fidelidade e respeito, porque você é feito para um só amor. Fale, mostre a Ela seu coração despedaçado, frágil, que desconhece a paz. Procure-A, vá diante Dela em seu Santuário e exponha os problemas de seu casamento, para que Ela ressuscite seu amor, apertando seus laços conjugais e abençoando toda sua família.

É tempo ainda de salvar o que está naufragando, de ressuscitar o que está desfalecido. Clame Àquela que é todo-poderosa e que deseja fazer maravilhas em sua vida. Por isso vá ao Seu encontro, não hesite mais, para que você se regozije de novo com a mulher de sua juventude e salve o que lhe foi emprestado e o que você tem de mais precioso na vida: sua família, na qual Maria quer reinar e distribuir graças incontáveis a você, a sua esposa, a seus filhos, aos filhos de seus filhos. Ela quer abençoar todas as suas gerações.

Vá aos pés Dela e peça a força de resistir, de purificar seu olhar, que se alimenta de todo tipo de imagens que aviltam e rebaixam você o dia inteiro. Peça a graça de nunca mais cobiçar e desejar as mulheres "alheias", que cruzam seu caminho e que nunca serão as mulheres de sua juventude, porque existe e existirá somente uma. Nossa Senhora Desatadora dos Nós é especialista em desatar os nós existentes entre os casais. Não despreze Sua ajuda para ser feliz.

Fale a Nossa Senhora Desatadora dos Nós, Aquela que acredita que você foi feito para ser vencedor com Ela.

ORAÇÃO PARA DESATAR O NÓ DA COBIÇA POR MULHERES MAIS JOVENS

Ó minha Mãe, a quem me dirigir senão a Ti? Quantos olhares, na minha vida de homem, me rebaixaram! Quantas imagens armazenei por cobiça, lubricidade e luxúria! Tu sabes, sendo minha Mãe, a que ponto manchei minha alma durante todos estes anos.

Hoje Te rogo que limpe meu olhar de homem e apague dentro do meu coração todos os sonhos e vícios que alimentei com imagens perversas e destruidoras.

Imploro que peças ao Teu Filho, Jesus, para me perdoar por ter enganado tantas vezes, com meus olhares de cobiça, a mulher de minha juventude.

Tenho consciência da extensão do mal que provoquei na vida dela por causa dos meus olhares, que não passaram despercebidos, traindo a confiança que ela depositou em mim.

Dá-me, Nossa Senhora Desatadora dos Nós, a graça de poder resistir a esse costume perverso, que me atormenta e me corrói como um tumor, que mancha minha alma e meus pensamentos.

Quero iniciar uma nova vida, Mãe. Socorre-me. Invencível nas batalhas, ajuda-me a vencer esta guerra em minha vida. Condutora dos exércitos, guia-me e ensina-me a ser vitorioso.

Liberta-me das armadilhas que tanto me fazem cair, derrota minhas tentações, purifica meu olhar e minha mente. Desata este nó que Te apresento agora: a impureza do meu olhar e das minhas atitudes. Esmaga a cabeça dos demônios da infidelidade.

Invencível nas batalhas, ajuda-me a vencer esta luta em minha vida. Liberta-me das armadilhas que me fazem cair.

Ó Mãe, derrota a multidão das minhas tentações. Liberta-me da corrupção e das paixões enganadoras. Tenho em Ti, ó Virgem, uma muralha, uma cidadela onde me refugiar.

Liberta minha alma, alivia minhas aflições, ó soberana Rainha, salva-me agora das paixões e dos perigos. Não me abandones.

Nossa Senhora Desatadora dos Nós, desata este nó em minha vida, acolhe as súplicas de Teu servo, esmaga a cabeça dos demônios que me tentam. Inunda de força aquele que recorre a Ti e retira a coberta de minhas confusões, Virgem toda pura e Mãe de Deus.

Toca a minha vontade a fim de que eu faça o que agrada a Deus. Entra no meu casamento, eu Te convido, como participante das bodas de Caná e transforma a minha água salobra em vinho novo e precioso.

Nossa Senhora Desatadora dos Nós, roga por mim.

Amém!

TESTEMUNHO

Deixo aqui meu testemunho.

Sou casado há 21 anos e cometi adultério mais de dois anos atrás. Vi meu mundo desmoronar, perdi minha família – minha esposa e minha filha de 11 anos – e tudo passou a não ter mais sentido para mim.

Então, não tive dúvidas: recorri à nossa querida Mãe, Nossa Senhora Desatadora dos Nós. Me confessei no Santuário, perdi perdão a Deus e à minha família e prometi jamais errar novamente. Muito arrependido, pedi perdão também à nossa Mãezinha e que Ela me concedesse a graça de trazer de volta a minha dignidade e a esperança de viver.

Depois de muito sofrimento, nossa Mãe atendeu ao meu pedido. Minha mulher e minha filha me perdoaram, e hoje vivemos felizes.

Há dois anos sou um humilde servo no Santuário de Nossa Senhora Desatadora dos Nós. E com muita honra divulgo e defendo o nome de nossa gloriosa Mãe. Onde quer que eu esteja, eu levo comigo.

G.O.A.

14

O NÓ DA TRISTEZA

Você sente o coração apertado, já não está em paz, a paciência vai ficando cada vez menor, não tem mais vontade de sorrir e um grande impulso silencioso de chorar vai tomando conta de todo seu ser?

Foram tantas flechadas que você recebeu ao longo da vida, algumas tão certeiras, geralmente vindas de quem você mais ama e que agora estão sangrando... Quantas atitudes agressivas direcionadas a sua pessoa, quantos sonhos parecem ter caído por terra, fazendo você perder a esperança.

Sim, a tristeza, quando toma conta de nós, nos faz perder a esperança de que Deus, sendo dono de tudo, é capaz de mudar o impossível com uma única palavra. Perdendo a esperança, vamos ficando fracos, não só espiritualmente, mas também fisicamente, e acabamos morrendo pouco a pouco, perdendo o brilho nos olhos...

Por essa razão, ouça o que o Médico Divino diz a você, que anda tão triste:

> *Não entregues tua alma à tristeza, não atormentes a ti mesmo em teus pensamentos. ... A alegria do homem torna mais longa a sua vida. ... concentra teu coração na santidade, e afasta a tristeza para longe de ti, pois a tristeza matou a muitos, e não há nela utilidade alguma* (Eclo 30,22-25).

Não acreditamos que a Virgem Maria, nossa Mãe, tenha dado gargalhadas com os apóstolos após a morte de Seu Filho. Mas também não cremos que Ela tenha permitido que a tristeza fosse Sua companheira de jornada ao longo dos anos, até chegar a hora de partir.

Se você está triste, por que não fazer uma visita a Nossa Senhora Desatadora dos Nós, para que Ela desate este nó em seu coração? Deixe sua Mãe colocar o bálsamo divino do amor de Deus nas chagas do seu coração, para livrá-lo da tristeza.

Em Eclesiástico, quando lhe é dito: *Não entregues tua alma à tristeza* (30,22), significa que, em primeiro lugar, você tem que ordenar que a tristeza saia do seu peito dolorido, porque senão ela vai matá-lo(a). Você precisa recusar que a tristeza habite sua alma. Desprenda-se dela como se tira um casaco.

Como fazer isso? O Senhor nos ensina:

... não atormentes a ti mesmo em teus pensamentos (Eclo 30,22).

O que significa isso?

Não se fixe nas palavras, nos atos, nas pessoas que o(a) magoaram. Não se machuque ainda mais com seus pensamentos, recordando a situação que lhe foi causa de tristeza. Isso vai atormentar você ainda mais.

Seja gentil consigo e tenha compaixão de sua alma. Abandone tudo nas mãos de Nossa Senhora, confie-Lhe todos os acontecimentos, desejos não realizados, temores e encarregue-A de prover o que lhe falta: a alegria do coração. Depois de expulsar a tristeza do coração e não se deixar torturar por ela, o próximo passo é:

... concentra teu coração na santidade (Eclo 30,24).

O que isso significa?

Concentre seu coração em Jesus e em Maria, os únicos que podem mudar o rumo de tudo, a qualquer momento, e *afasta a tristeza para longe de ti* (Eclo 30,24). Leve sua tristeza a Nossa Senhora Desatadora dos Nós e confie nos recursos que Ela tem para mudar tudo.

A oração tem que ser a primeira arma para vencer a tristeza, e não a última. Geralmente, queremos primeiro resolver tudo sozinhos. Devemos dizer: "Mãe Santíssima, sei que me ajudaste no passado. Sei também que me ajudarás no futuro, mas preciso da Tua ajuda agora, no presente. Não sei o que fazer, mas meus olhos se voltam para Ti!"

Glória! Glória ao Senhor, nosso Deus e a nossa Mãe! É isto que você precisa fazer: parar tudo e fixar os olhos em Jesus e em Sua Mãe, a Virgem Maria.

Eu, Suzel, devo confessar que Deus me ensinou a fixar os olhos Nele e em minha Mãe, a Virgem Maria, por meio de minha cachorrinha, Siet (é incrível como Ele usa todos os recursos para nos ensinar). Toda vez que eu ia orar, ela corria para ficar ao meu lado, grudadinha em mim, e me olhava fixamente durante horas, sem tirar de mim seus olhinhos apaixonados.

Eu era sua segurança, a fazia feliz e sabia do que ela precisava. Por isso ela me olhava tanto... Ela sabia que eu a amava. Isso derretia meu coração e me fazia amá-la ainda mais. Se eu, pecadora, cheia de fraquezas, sentia tal amor por ela ao vê-la agir assim, o que não devem sentir Jesus e nossa Mãe quando fixamos os olhos Neles, em uma atitude de amor e total dependência?

Aprendi que eu deveria olhar para Jesus como Siet me olhava. E assim passei a entender o milagre que isto significa: fixar os olhos em Deus. Fixar os olhos em minha Mãe, porque não sou órfã. Tenho quem cuide de mim. E, quando se ama muito, os olhares se cruzam... e se entendem... e se bastam.

Pegue uma imagem ou uma bela foto de Maria e de Jesus e fixe os olhos nos olhos Deles. Fique ali, chore se quiser, chore bastante, mas não tire os olhos da Fonte da Vida. Pense que Deus é amor, ama você e agirá se você confiar Nele. Pense que, pelo pedido de Sua Mãe, Jesus fez Seu primeiro milagre!

Saiba que, se você fixar os olhos Neles, será colocado(a) acima das circunstâncias esmagadoras da vida. Deixe-se voar sobre as asas do Espírito Santo, planando sobre as circunstâncias que provocaram tristeza em seu coração. Passe por cima delas com Jesus e com a Virgem Maria e elas não mais sufocarão você de lágrimas.

E então, sobrevoando a tristeza, você vai ver que pouco a pouco ela fica distante e pequenina, e vai sentir uma grande paz no coração. Você se sentirá forte e a alegria invadirá sua vida.

Algumas das mais belas e extraordinárias palavras de Davi, dirigidas ao Senhor Deus, foram ditas após ele ter escapado de um terrível perigo que o levaria à morte. Você vai encontrá-las no Salmo 29. Leia-o para se maravilhar.

No meio da angústia, do medo, da tristeza, tomado em lágrimas, ele diz:

Vós convertestes o meu pranto em prazer. *

Em outra tradução, podemos ler:

Convertestes em alegre dança as minhas lamentações. **

---

* Sl 29,12, *Bíblia Sagrada Ave-Maria*, Editora Ave-Maria.

** Sl 29,12, *Bíblia Sagrada*, Editora Ecumênica.

Sim, quando nos voltamos ao Senhor Jesus de todo coração, Ele transforma nosso pranto em dança! E nossa Mãe com certeza participa da festa. Compreendo por que Santa Teresa de Ávila, doutora da Igreja, dançava com castanholas diante de Jesus. Que alegria indescritível! Que amor inebriante! E saber que você, que nós somos convidados a dançar... Vamos, e que nada nos detenha!

Com os olhos fixos em Nossa Senhora, faça esta oração.

ORAÇÃO PARA DESATAR O NÓ DA TRISTEZA

Mãe amada, fonte inesgotável de misericórdia, volto hoje meu olhar em direção ao Teu, porque estou profundamente triste.

Mãe, poço inesgotável de alegria, desata este nó que me tira a alegria de viver. Apresento a Ti agora minhas dores (*fale a Maria sobre suas dores*) e minha incapacidade de resolvê-las. Creio que Tu sabes como fazer para arrancar essa tristeza de minha alma. Eis-me aqui olhando para Ti.

Faze um milagre em mim. Ordeno agora que você, tristeza, se afaste de mim. Perdoo quem é fonte de tristeza em minha vida.

Mãe, com os olhos fixos em Ti, pego em Tuas mãos e subo nas asas do Espírito Santo para voar alto, sobre todas as circunstâncias que não posso mudar hoje, mas que Tu, minha Mãe, Nossa Senhora Desatadora dos Nós, transformará em vitória.

Confio em Teus recursos, Mãe amada, e fico em paz.

Nossa Senhora Desatadora dos Nós, roga por mim.

Amém!

TESTEMUNHO

Certa vez, após um dia difícil de trabalho, cheguei em casa e vi meus filhos brigando, se agredindo verbalmente de maneira inacreditável. Fiquei muito nervosa e triste, porque todas as minhas tentativas, há anos, de educá-los pareciam ter ido para o esgoto. A tristeza aumentou quando passaram a me culpar, dizendo que eu era uma mãe ausente.

Além disso, eu havia perdido duas pessoas muito queridas naquela semana, e meu coração estava imensamente triste de saudade.

Tudo isso se acumulou e vi minha alma completamente entregue à tristeza. Algo precisava ser feito, com urgência. Ajoelhei-me diante da imagem de Nossa Senhora Desatadora dos Nós e de uma foto de Jesus. Fixei os olhos Neles e chorei... chorei muito, entregando-Lhes todas as fontes de tristeza em minha vida.

De repente, comecei a experimentar no fundo de minha alma uma grande paz, porque senti que eu não estava só, que podia contar com Ela, com o poder que minha Mãe tem sobre todos e sobre tudo. E, quando me dei conta, a tristeza partiu. Ela desatou este nó em meu coração.

Obrigada, Jesus. Obrigada, Nossa Senhora Desatadora dos Nós, porque não só desatou o nó da minha tristeza como vem transformando o coração dos meus filhos, tornando-os mais dóceis e compreensivos.

A.F.

15

O NÓ DO MEDO DA MORTE

Vivemos numa sociedade que nega com todas as forças a morte e tudo que diz respeito a ela, embora nossa única certeza na vida seja a de que somos finitos.

Cultuamos os belos, os fortes, os heróis, os bem-sucedidos, os jovens, e rejeitamos os fracos, os improdutivos, os velhos, os doentes, porque estes nos lembram a morte. "Valorizamos nos dias de hoje homens e mulheres que tiveram sucesso financeiro, e não quem valorizou o semelhante antes de si."*

Com a industrialização, que passou a valorizar o homem pela produtividade, e o avanço da tecnologia, que aumentou a expectativa de vida, passamos a ver a morte cada vez mais como algo distante, até pouco provável para alguns.

Afastamos nossas crianças das informações sobre a morte, dos entes queridos que estão partindo, das despedidas, dos velórios, dos cemitérios, e acabamos por cultivar gerações obstinadas em vencer o que, por natureza, é invencível: a morte.

Certa vez, os pais foram dar ao filho de 10 anos a notícia de que o avô havia morrido. Imediatamente a criança perguntou: "Mas quem matou o vovô?" Isso reflete bem como a morte natural está longe de fazer parte da vida moderna, embora teoricamente saibamos que tudo é temporário.

---

* Derek Doyle, *Bilhete de plataforma*. São Caetano: Difusão, 2009.

Se você tem dificuldade até em ouvir a palavra "morte", evita pensar que um dia vai morrer, não aceita essa realidade, há aí um nó a desatar, e Nossa Senhora Desatadora dos Nós quer lhe auxiliar nisso.

Temos que pedir a Ela a graça do convencimento, da aceitação de que a morte não é uma queda para a escuridão, mas um salto para a luz, e que fomos feitos para viver na eternidade, livres, sem nem uma gota de sofrimento, adorando o Deus da vida.

Se você pertence a Cristo de verdade, é natural pensar que um dia estará com Ele, que é a ressurreição e a vida. Se não fosse assim, qual seria a razão desta vida, de suas lutas?

Ao pensar na morte, lembre-se de que você foi feito para o céu e traz consigo a imagem do homem celeste, revestido da imortalidade.

Seus olhos não querem contemplar Deus? Corra, pois, como atleta nesta vida, seguindo as regras para vê-Lo e receber a coroa da vitória. Celebre esta vida na caridade, na honestidade, longe do pecado, porque colherá o que semear. Você receberá a retribuição do que tiver feito nesta vida, seja para o bem, seja para o mal.

São Paulo nos diz de forma magnífica:

> *... todo o tempo que passamos no corpo é um exílio longe do Senhor* (2Cor 5,6).

Que um dia, quando nossa libertação estiver próxima, possamos serenamente dizer, com os olhos fixos nos de Jesus e da nossa Mãe santíssima, a todos que nos rodeiam:

> *Combati o bom combate, terminei a minha carreira, guardei a fé. Resta-me agora receber a coroa da justiça* (2Tm 4,7-8).

Mas por que temos tanto medo da morte? O que tememos, dizem, não é a morte, mas o sofrimento que a acompanha e a solidão que cerca os que estão morrendo. Esse sofrimento não se limita ao físico, às dores e ao desconforto do corpo, mas se estende às dores psicossociais e espirituais. O sofrimento, por exemplo, de deixar filhos pequenos, a preocupação com o futuro das crianças, a perda da família, os sentimentos de culpa pelo que poderia ter sido feito, ou pelo que foi feito e não deveria. O sofrimento de não encontrar sentido na vida depois de saber que sua chance está se acabando. Enfim, o sofrimento de não ter preparado a mala para a mais curta e solitária das viagens. Por isso, convide Nossa Senhora Desatadora dos Nós a ensinar você a não temer essa viagem. Que Ela venha lhe fazer companhia.

Muitas vezes, também, temos medo da morte porque não queremos abrir mão e soltar o que é terreno, os bens que nos prenderam tanto a este mundo e esgotaram nossas forças ao longo da vida. "Sejam os bens terrenos vossa posse, não vossos donos", diz São Gregório.*

Não nos apeguemos ao transitório a ponto de acorrentar nosso coração àquilo que um dia virará pó e que não levaremos para a eternidade. Não vamos desprezar as boas coisas que realizamos nesta vida, tampouco as pessoas amadas que fizeram parte dela, mas que nada prejudique nosso coração. Ele deve estar centrado em Cristo sempre.

Há alguns anos, como médica, eu, Suzel, tive a oportunidade de cuidar de uma paciente com um câncer bastante avançado na garganta. Era uma mulher alegre, fazia doces para vender mesmo nas últimas semanas de vida e, nas consultas, sempre me dizia: "Vivo cada dia como se fosso o único!"

Essa mulher nos ensinou muitas coisas com sua coragem e nos deixou essa frase, que deveria ser uma regra de vida para todos nós,

---

* Lib. 2, Hom. 36,11-13, PL 76, 1272-1274.

porque devemos viver cada segundo intensamente, de maneira única, colocando ali todo o amor, a alegria, o bom humor, nossos talentos. E eu a vi viver assim. Vamos dar o melhor de nós, a fim de que cada dia tenha valido a pena e que os bons frutos dessa colheita possam adoçar nossa vida eterna.

Acredito que a morte não é um momento, mas a soma de todos os momentos vividos por nós. Ao cuidar de pessoas no fim da vida, tenho aprendido que quem vive bem tem muito mais chances de morrer bem. Mas vejamos o que isso significa.

Se você não é uma pessoa amarga, invejosa, vingativa, ofensiva, violenta, agressiva, rancorosa, que faz críticas injustas e mortíferas; se você vivenciou seus relacionamentos de maneira generosa, responsável, ética, com compaixão, dignidade, honestidade, humildade, respeito a si e ao próximo; se viveu com temor a Deus, não há dúvida de que a colheita será abençoada, e a morte, uma viagem tranquila, porque Deus é fiel.

Creio que, acima de tudo, temos medo da morte porque, no momento em que deixarmos esta vida, veremos, com o Senhor da verdadeira Vida, os talentos que enterramos, levando talvez uma existência sem muitas repreensões, mas inútil para os outros. Talvez você não tenha usado sua vida para incendiar, por todos os meios, as pessoas que passaram por você, a fim de inflamá-las com o amor divino. Temos medo da morte porque ficamos fascinados demais com este mundo a ponto de esquecer Quem o fez, passando a ser senhores de nossa vida ou marionetes do mundo.

Se houver uma doação recíproca entre Cristo e a nossa alma, doação inteiramente baseada no amor, a morte só poderá ser encarada como um salto para a luz e o mais belo de todos os encontros.

São Cipriano fala-nos do medo da morte e da imortalidade de maneira extraordinária. Ao orarmos o Pai-Nosso, ele diz, pedimos ao Senhor que venha a nós o Vosso reino e que seja feita a Vossa vontade. Quando, porém, Ele nos chama e nos convida a deixar este mundo, não queremos obedecer, resistimos, lutamos e somos levados cheios de tristeza à presença de Deus, ainda pensando que temos direito a prêmios e condecorações.

Se Deus não poupou Seu próprio Filho para nos salvar, entregando-O à mais terrível das mortes para que pudéssemos, um dia, viver uma vida sem fim e gloriosa, não haverá de ser misericordioso no momento em que Lhe suplicamos auxílio porque temos medo do encontro com Ele? E nossa Mãe santíssima, ficará impassível? Porque razão um(a) filho(a) terá medo de se encontrar com sua boníssima Mãe?

Que tipo de súplica deverá ser a sua a Nossa Senhora Desatadora dos Nós para vencer o medo da morte? Pedir a conversão, amar e se deixar amar por Ela e fazer a vontade divina.

À medida que encaro a necessidade de minha conversão, lutando para derrotar minhas fraquezas, desfaço o nó do medo da morte e o nó da enorme angústia que carrego dentro de mim, assim como o pavor da "passagem" e do encontro final com o Senhor. É necessário parar de viver como um insensato, que ignora e rejeita a inevitável morte.

Um velho monge escreveu na parede de sua cela: "Não perca tempo!" Ele gravou essa frase na parede de seu minúsculo universo para não esquecer que, no combate contra as fraquezas, a luta não pode mais ser adiada. E de fato não temos tempo a perder. Ele disse também: "A maioria dos homens morre como gado, vive como se não fosse morrer e morre como se não tivesse vivido!"

Há, nesta vida provisória e passageira, um combate urgente a travar, como atletas de Nossa Senhora Desatadora dos Nós, a fim de não termos medo de descer na arena de nosso coração para lutar contra a preguiça espiritual. Há um mundo que nos cerca de todos os lados e se manifesta em nossa vida, exacerbando a todo momento nossas inumeráveis fraquezas. São elas que devemos combater e derrotar, dia após dia, porque controlam nossos impulsos, desejos, reações, atitudes e respostas diante dos outros e de todas as situações da vida. É uma guerra a declarar não contra o mundo e os outros, mas contra nós mesmos.

Os pecados, disse Orígenes, são apagados de seis maneiras: o batismo, o martírio, a esmola, o perdão das ofensas, o zelo da caridade e a remissão dos pecados pela penitência.

Você está nesta terra para quê? Para amar a Deus e se deixar amar por Ele. É a primeira meta. A consequência desse único propósito de vida é amar os outros, provar e manifestar esse amor com obras de misericórdia.

A segunda meta é preparar sua eternidade. Você tem alguns anos de vida à sua frente para cumprir essas metas, mas não está sozinho(a) nessa batalha. Tem uma aliada poderosa, que quer que você triunfe: Nossa Senhora Desatadora dos Nós.

Assim, há duas escolhas para preparar sua eternidade. A primeira é a de um derrotado, vencido e atado por suas fraquezas. A segunda é a de um vencedor, que consegue, com a ajuda divina, superar, controlar, dominar e derrotar suas fraquezas, libertando-se cada vez mais das correntes que o paralisam, a fim de poder caminhar rumo à santidade.

Mas o que quer Nossa Senhora Desatadora dos Nós? Que você seja um vencedor, para passar a eternidade em Sua presença amorosa. Ela não quer perder um só filho. Por isso quer ajudar você a desfazer os nós de suas fraquezas, que o(a) afastam do Cordeiro imolado, e que você se deixe fascinar por Jesus.

Ela não cessa de batalhar para que o sangue adorável de Seu Filho não tenha sido derramado em vão por você. Ela se nega a aceitar a perda de qualquer um de Seus filhos.

Peça então a Nossa Senhora Desatadora dos Nós a graça de lhe dar forças para vencer esse combate, que não pode mais ser adiado, porque não sabemos o tempo que resta a cada um de nós.

Peça a Ela a graça do arrependimento sobre os erros do passado. O grande Santo Agostinho, já acamado, sabendo que a hora de sua morte estava se aproximando, pediu que uma cópia dos salmos de arrependimento fosse colocada na parede de seu quarto, para que ele pudesse ler de seu leito. Ele morreu com 75 anos. Quarenta e três anos antes, recebera a graça da conversão. Mas estava se arrependendo dos 32 anos de sua juventude. O que estava escrito nesses salmos? O que todos nós deveríamos ler e gritar antes de morrer:

Tende piedade de mim, Senhor, porque desfaleço... Voltai, Senhor, livrai minha alma; salvai-me, pela vossa bondade (Sl 6,3.5).

Feliz aquele cuja iniquidade foi perdoada, cujo pecado foi absolvido. Feliz o homem a quem o Senhor não argúi de falta, e em cujo coração não há dolo (Sl 31,1-2).

São fétidas e purulentas as chagas que a minha loucura me causou. Porque é em vós, Senhor, que eu espero (Sl 37,6.16).

Tende piedade de mim, Senhor, segundo a vossa bondade. E conforme a imensidade de vossa misericórdia, apagai a minha iniquidade (Sl 50,3).

Ele mandou escrever sete salmos ao redor de seu leito de morte – havia ainda os salmos 101, 129 e 142. Veja o tamanho do arrependimento de Santo Agostinho! Veja o que ele nos ensina. Veja o caminho que ele abriu e seu exemplo de vida. Depois do arrependimento, entregue seu coração à misericórdia divina.

Paralelamente a isso, você pode e deve enxergar o que o(a) acorrenta para iniciar o combate a tudo que o(a) atormenta. Isso se chama combate espiritual, que não tem e nunca terá trégua. Isaías disse: "Ai daqueles que gastam o seu tempo na despreocupação. Examina-te a cada dia para saber que paixão estás vencendo".* E São Efrém afirmou: "À noite, voltei-me às necessidades do meu irmão ou o deixei irado? Rebaixei alguém? Cantei os salmos com a minha boca quando o meu espírito era tomado pelas coisas mundanas? Fui perturbado pelo desejo carnal e o aceitei com prazer? Fui obcecado pelas preocupações terrenas a ponto de esquecer a lembrança de Deus? Se nesse exame de consciência você achar que foi vencido, lute para mudar essa derrota e ponha um guarda em seu coração para não sofrer de novo a mesma perda. Assim você vai armazenar benefícios nas reservas celestiais".**

Agora veja o que você está acumulando todos os dias nos celeiros da sua vida. Será algo digno de apresentar ao Senhor?

Temos conosco, no Santuário de Maria Desatadora dos Nós, mulheres admiráveis, que doam todas as suas tardes e parte das noites para descascar sacos de legumes para a sopa que distribuímos a moradores de rua, abandonados e prostitutas, enfim, ao corpo sofredor do Senhor. Essas mulheres, que cozinham e alimentam seus irmãos, entenderam perfeitamente que devemos ter um pé aqui e o outro lá, porque nossa casa definitiva não é neste mundo. Estamos transitando neste mundo ilusório, somos um povo em exílio e amanhã, passando a porta de nossa morte, voltaremos para casa.

Essas mulheres ouviram o grito silencioso do Senhor lhes dizendo: "Ajudem-me a aliviar esses corpos sofredores". Esse trabalho de mise-

* Abadia de Solesmes, *Les sentences des Pères du désert.*

** Abadia de Solesmes, *Les sentences des Pères du désert.*

ricórdia certamente as ajudará a vencer o medo da morte, porque elas são artesãs generosas da compaixão e entrarão na eternidade com obras de caridade belas e luminosas. O medo da morte pode advir também do trauma que você viveu vendo alguém morrer em intenso sofrimento. Peça a Nossa Senhora que desate esse trauma que ficou em você e ore pela pessoa amada que partiu.

Planeje a partir de hoje o que você vai levar desta vida! Se você tem medo da morte, é porque não aceitou viver nesta terra fazendo a vontade do Senhor Jesus e, consequentemente, por causa de todas as coisas inacabadas que deixou para trás. Suas faltas de perdão que não chegaram à reconciliação. Seus rancores que não foram esquecidos. Suas amarguras que não foram oferecidas ao Senhor e continuam a envenenar seu presente. Seu egoísmo que não foi vencido. Sua vida emprestada, que não foi oferecida. Tudo que lhe foi dado e que você não devolveu – seus dons, suas qualidades, sua profissão, suas relações e seu dinheiro. Tudo isso lhe foi emprestado por um tempo, não para sua pobre e miserável glória pessoal, seu conforto e seus prazeres imediatos, mas somente para a glória do Senhor. Se você viver na glória do Senhor, será mais feliz, e haverá uma fonte permanente de alegria em seu coração.

Somente no momento de seu julgamento pessoal você tomará conhecimento da extensão e das consequências do bem que fez na terra e do mal que ocasionou na vida dos outros, como também da profundidade das chagas deixadas em seu coração e no coração do próximo.

Comece hoje a preparar sua eternidade para entrar no céu, rico de batalhas ganhas e coroadas de vitórias!

Nossa Senhora Desatadora dos Nós quer para você um futuro eterno e esplêndido. Não relute mais. Corra aos pés Dela. Ainda há tempo de trabalhar na obra-prima de sua eternidade, porque você é seu único artesão.

Ore a Ela todos os dias.

ORAÇÃO PARA DESATAR O NÓ DO MEDO DA MORTE

Senhor, perdoa-nos tanta hipocrisia! Faze-nos compreender que somos peregrinos e que nossa pátria é o céu! Ser abraçado por Ti é a felicidade plena sob o fundo da música e do coro celeste, tendo em nossas mãos as mãos da Virgem Maria e contemplando a inesgotável felicidade dos mártires, dos profetas, dos nossos queridos que partiram...

Nossa Senhora Desatadora dos Nós, repele de mim o medo da morte e ensina-me a desejar e amar a imortalidade, que me fará verdadeiramente livre – livre das dores, das preocupações, dos medos, das enfermidades, do peso deste corpo cheio de vícios e paixões. E ajuda-me a vencê-los.

Eis-me aqui, Nossa Senhora Desatadora dos Nós. Capacita-me hoje para vencer os nós das minhas fraquezas. Insufla na minha alma o desejo de lutar contra os nós que me aprisionam.

Não permitas que eu seja perturbado pelas lembranças dos meus pecados passados, que ainda me acorrentam.

Dá-me, minha Mãe, a sabedoria de armazenar hoje atos de amor e de misericórdia. Faze-me entender que desses atos dependerá o que farei na minha eternidade e o lugar em que estarei.

Não permitas, Mãe do belo amor, que eu continue a viver como um insensato, pensando nos gozos imediatos da vida.

Não deixes a cegueira da minha alma me impedir de enxergar a aproximação da minha eternidade e do meu encontro Contigo.

Substitui em mim o medo da morte pela alegria da libertação e do extraordinário encontro Contigo.

Porto dos marinheiros desta vida, governa-me hoje, sê o leme da pequena canoa da minha vida e faze soprar o Espírito Santo nas velas da minha embarcação. Mostra-me incessantemente o rumo do céu e semeia em mim novos propósitos de vida.

Dá-me, nos últimos momentos da minha vida, a esperança invencível de Te encontrar, a alegria suprema de me jogar em Teus braços de Mãe, e que meu último sopro seja este grito: "Jesus, eu te amo!"

Amém!

TESTEMUNHO*

Apresentamos a você este testemunho verídico – como todos os demais que aparecem neste livro – e extremamente forte. Essa mulher teve uma experiência de quase morte, ou seja, foi considerada morta pelos médicos por um tempo, passou nesse período por uma experiência espiritual extraordinária e depois voltou à vida.

Nossa intenção, ao apresentar este testemunho, é que, ao lê-lo, você possa fazer uma revisão de sua vida espiritual e, consequentemente, se fortalecer, buscando o auxílio amoroso das mãos de sua Mãe, Nossa Senhora Desatadora dos Nós, que o(a) ajudará, para que sejam escritas belas histórias no livro da sua vida. Para nós, ler este testemunho foi como ter um colírio pingado pelos anjos em nossos olhos espirituais, a fim de que enxergássemos melhor, compreendendo o que é viver bem, para que não tenhamos medo da morte.

Sugerimos que você o leia atentamente e reflita sobre as riquezas que ele transmite, para preparar um esplêndido encontro com o Senhor da vida.

Irmãos! Realmente é muito lindo poder estar aqui compartilhando esse maravilhoso presente que o Senhor me deu há mais de dez anos. Isso aconteceu em 8 de maio de 1995, na Universidade Nacional de Bogotá. Eu e um sobrinho estávamos nos especializando em odontologia e tínhamos que buscar alguns livros na Faculdade de Odontologia, numa sexta-feira à tarde. Meu marido estava conosco. Estava chovendo muito forte, eu e meu sobrinho estávamos debaixo de um pequeno guarda-chuva, e meu marido, com sua jaqueta impermeável, se aproximou da

* Extraído de entrevista da dentista colombiana Gloria Polo à Rádio Maria, da Colômbia. Utilizado com permissão. Disponível em: <www.gloriapolo.com>.

parede da Biblioteca Geral. Enquanto saltávamos as poças d'água, sem perceber, meu sobrinho e eu nos aproximamos de algumas árvores.

Quando fomos saltar uma grande poça, um raio caiu sobre nós. Ele nos deixou carbonizados, e meu sobrinho faleceu ali mesmo. Apesar da pouca idade, era um rapaz muito entregue ao Senhor e devoto do Menino Jesus. Ele usava uma medalhinha do Menino Jesus no peito, dentro de uma moldura de cristal.

O raio entrou em mim pelo braço e queimou de forma espantosa meu corpo todo, por fora e por dentro. Isso que estão vendo aqui, este corpo reconstituído, é misericórdia de Nosso Senhor. Fui carbonizada, fiquei sem os seios, toda minha carne praticamente desapareceu, minhas costelas, o ventre, as pernas... O raio saiu pelo pé direito, me carbonizou o fígado, queimaram-se os rins, os pulmões... Eu usava DIU, de maneira que o T de cobre, bom condutor elétrico, me carbonizou, me pulverizou os ovários. Tive uma parada cardíaca e fiquei ali, sem vida. Meu corpo pulava por causa da eletricidade que ficou por todo aquele local.

Mas vejam, essa é só a parte física. A parte mais bonita, a parte mais linda, é que, enquanto meu corpo estava ali, carbonizado, eu me encontrava dentro de um lindo túnel branco. Era uma delícia, uma paz, uma felicidade; não há palavras para descrever a grandeza daquele momento. Era um êxtase imenso. Eu ia muito feliz, nada me pesava dentro do túnel. Olhei ao fundo e havia algo como um sol, uma luz lindíssima. Digo que é branco para colocar uma cor, mas nenhuma das cores é comparável àquela luz maravilhosa. Eu sentia a fonte de todo aquele amor, daquela paz...

Quando eu ia subindo, disse: "Quarta-feira! Eu morri!" E naquele instante pensei em meus filhos e disse: "Ai, meu Deus, meus filhos! O que vai ser deles? Essa mãe, tão ocupada, nunca teve tempo para eles". Aí me dei conta da minha realidade de vida e me senti triste. Saí de minha casa para transformar o mundo, e meu lar, meus filhos pareciam demais para mim.

Nesse instante de vazio pelos meus filhos, dei uma olhada e vi algo belo... Meu corpo já não estava nas medidas de tempo e de espaço da terra, e vi todas as pessoas num mesmo instante, num mesmo momento, todas as pessoas, as vivas e as mortas, e abracei os meus bisavós. Abracei meus pais, que já haviam falecido, abracei a todos, e foi um momento pleno e maravilhoso. Aí me dei conta de que havia caído por terra a teoria da reencarnação; eu via meu avô, meu bisavô, que me abraçaram por um momento. Encontrei todas as pessoas que tiveram a ver comigo em minha vida, em todo lugar, no mesmo instante. Só minha filha de 9 anos (que estava viva) se assustou quando a abracei, ela sentiu meu abraço.

Não havia se passado nada de tempo nesse momento tão lindo, e que maravilha estar sem o corpo! Já não via as coisas como antes, quando só reparava se alguém era gordo, magro, feio, negro, sempre olhando com critérios. Naquele momento, em que não tinha meu corpo humano, não era assim. Eu podia ver o interior das pessoas; como é lindo poder ver o interior das pessoas! Ver seus pensamentos, seus sentimentos. Abracei a todos em um instante e, no entanto, eu continuava subindo e subindo, cheia de alegria.

Quando senti que ia desfrutar de uma vista fantástica, com um lago belíssimo ao fundo, nesse mesmo instante ouvi a voz do meu marido. Ele chorava e, com um grito profundo e cheio de sentimento, disse: "O que aconteceu? Gloria! Por favor, não se vá! Volte, Gloria! As crianças, Gloria! Não seja covarde!" Nesse instante, dei uma olhada como que global e o vi chorando, com muita dor, e então o Senhor me concedeu regressar. Eu não queria vir, de tanta alegria, paz e felicidade que sentia. Então comecei a descer devagar, buscando meu corpo, e me encontrei sem vida.

Meu corpo estava na maca da enfermaria da Universidade Nacional de Enfermagem. Eu via como os médicos davam choques elétricos em meu coração para me salvar da parada cardíaca. Durante duas horas e meia fiquei ali jogada, pois não podiam nos tirar dali, porque transmitíamos corrente elétrica a todo mundo, até que finalmente deixamos de "passar corrente" e puderam nos atender. Começaram a me reanimar. Cheguei e pus os pés no topo da minha cabeça e, com a violência de uma faísca, entrei em mim.

Entrei em meu corpo, o que me doeu muito, e senti que saíam faíscas por todos os lados. E a dor mais terrível era a dor da minha vaidade. Eu tinha critérios para tudo, era uma executiva, era a intelectual, a estudante, a escravizada pelo corpo, escrava da beleza e da moda: quatro horas diárias de exercícios aeróbicos. Escravizada para ter um corpo bonito. Massagens, dietas, de tudo que possam imaginar – essa era minha vida. Uma rotina de escravidão por um belo corpo. E eu dizia: "Bem, se tenho seios bonitos, é para mostrar", assim como minhas pernas, porque achava que tinha pernas esculturais, assim como os seios, e num instante vi tudo isso com horror. Toda uma vida cuidando do corpo. Isso era o centro da minha vida, o amor ao meu corpo. E já não havia corpo. Nem seios. Havia buracos impressionantes em todo o seio esquerdo, que estava praticamente desaparecido, e nas pernas – era o mais terrível – havia pedaços vazios e sem carne, tudo preto, carbonizado...

Dali me levaram ao Seguro Social, rapidamente me operaram e começaram a raspar todos os tecidos queimados. Quando estava anestesiada, voltei a sair do corpo. Fiquei olhando o que os médicos faziam com meu corpo. Estava preocupada com minhas pernas. De repente, aconteceu algo terrivelmente horroroso. Porque conto a vocês, irmãos: fui uma "católica dietética" durante toda minha vida. Minha relação com o Senhor era uma Eucaristia aos domingos, em missas de 25 minutos, em que o padre falasse menos, porque que desespero e que angústia! Essa era minha relação com Deus. Assim, todas as correntes do mundo me arrastavam como um cata-vento, a ponto de, quando estava me especializando nos estudos de odontologia, o mundo me dizer que o inferno não existia, que os diabos não existiam. "Medo? Quem disse?" Mas vergonhosamente confesso que a única coisa que me mantinha na Igreja era o medo do diabo.

“Quando me diziam que o diabo não existia, que luta! E eu dizia: "Bem, todos vamos para o céu, não importa como somos". Então, isso terminou me afastando de uma vez do Senhor. O pecado não só ficou em mim, mas começou a piorar ainda mais minha relação com o Senhor. Comecei a dizer a todo mundo que os demônios não existiam, que eram invenção dos padres, que eram manipulações.

Com meus companheiros da Universidade Nacional de Bogotá, comecei a acreditar no conto de que Deus não existia e que éramos produto da evolução. Então, quando me vi naquele instante, que susto terrível! Vi demônios que vinham buscar seu pagamento: eu! Naquele momento, comecei a ver, da parede do centro cirúrgico, brotarem muitíssimas pessoas. Aparentemente pessoas comuns, mas com um olhar de ódio tão grande, um olhar espantoso, e me dei conta de que em meu corpo havia uma sabedoria especial. Percebi que devia algo a todos eles, que o pecado não era grátis e que a principal infâmia e mentira do demônio tinha sido dizer que não existia. Eles vinham ao meu encontro e começaram a me rodear, querendo me levar.

Vocês façam ideia do susto, do terror que senti. Aquela mente científica e intelectual já não me servia de nada. Eu caía no chão, tentava voltar para dentro do meu corpo, mas minha carne não me recebia. Nesse susto tão terrível, saí correndo e não sei em que instante atravessei a parede do centro cirúrgico. Eu pretendia me esconder pelos corredores do hospital, mas, quando passei pela parede do centro cirúrgico... *zás*, dei um salto no vazio...

Entrei por uma quantidade de túneis que iam para baixo. No princípio havia luzes, como colmeias de abelha, onde havia muitíssima gente. Mas fui descendo e a luz foi se perdendo, então comecei a andar em túneis de trevas espantosas, algumas das quais não se comparavam com as trevas que conhecemos. Imagine que o mais escuro que conhecemos se parece com a luz do meio-dia quando comparado a essas trevas que vi. Não se pode comparar. Elas causavam dor, horror, vergonha e cheiravam mal.”

Terminei a descida por entre os túneis e cheguei desesperada a uma parte plana. A vontade de ferro que eu dizia que tinha, com a qual me sentia capaz de tudo, já não me servia de nada. Eu queria subir, mas não podia, estava presa ali. Vi se abrir, no piso, uma boca enorme e senti um vazio impressionante em meu corpo, um abismo inenarrável. O mais espantoso daquele oco era que ali não se sentia nem um pouco o amor de Deus, nem uma gota de esperança, e ele tinha algo que me sugava, e comecei a gritar, aterrorizada. Eu sabia que, se entrasse ali, minha alma estaria morta. Era um horror tão grande e, quando eu estava entrando, algo me sustentou pelos pés. Meu corpo entrou no oco, mas meus pés estavam sustentados para cima. Foi um momento muito doloroso e terrível. Vejam só... Meu ateísmo ficou pelo caminho e comecei a gritar: "Almas do purgatório! Por favor, me tirem daqui!" Quando eu estava gritando, foi um momento de dor imensa, porque me dei conta de que ali, naquele oco, se encontravam milhares e milhares de pessoas, sobretudo jovens, e com dor comecei a escutar um ranger de dentes, gritos e lamentações que me estremeciam.

Muitos anos levei para assimilar isso, porque eu me punha a chorar cada vez que me lembrava do sofrimento daquelas pessoas. Percebi que ali estavam todos que, em um segundo de desespero, haviam se suicidado e estavam naquele tormento com todas as coisas que ali se encontravam, mas o mais terrível era a ausência de Deus. Não se sentia o Senhor.

Nessa dor, comecei a gritar: "Quem se equivocou? Olhem como sou santa! Jamais roubei, nunca matei, eu fazia compras para os pobres, extraía dentes de graça, ajudando os que necessitavam. O que faço aqui? Eu ia à missa aos domingos. Apesar de me considerar ateia, nunca faltei. Se faltei cinco vezes à missa em toda minha vida, foi muito. Eu era a alma que sempre ia à missa. O que faço aqui? Eu sou católica, por favor, eu sou católica, tirem-me daqui!"

Quando eu estava gritando que era católica, vi uma pequena luz. Entendam que uma luz nessas trevas é o maior presente que alguém poderia receber. Vi escadas por cima do oco e vi meu pai, que falecera cinco anos antes, quase atrás do oco. Havia um pouquinho de luz e, quatro degraus acima, vi minha mãe, com muito mais luz e em posição de oração. Quando os vi, me deu uma alegria tão grande e comecei a gritar: "Paizinho, mãezinha, por favor, me tirem daqui, eu suplico, me tirem daqui!"

Quando eles baixaram a vista e meu pai me viu ali... Se vocês tivessem visto que dor enorme eles sentiram... Naquele lugar, podemos sentir os sentimentos dos outros, podemos "ver" essa parte, e "vi" essa dor imensa. Meu pai começou a chorar, colocou as mãos na cabeça e tremia: "Minha filha, minha filha!" E minha mãe orava. Então percebi que eles não podiam me tirar dali, e a dor que me inundava era por causa da dor que eles sentiam e estavam compartilhando comigo.

Comecei a gritar de novo: "Por favor, me tirem daqui, eu sou católica! Quem se enganou? Por favor, me tirem daqui!" E, quando estava gritando pela segunda vez, escutei uma voz, uma voz doce, uma voz que, quando a escutei, toda minha alma estremeceu e tudo se inundou de amor e de paz, e todas aquelas criaturas saíram apavoradas, porque não resistiram ao amor nem à paz, e eu sentia essa paz. E a voz me disse: "Muito bem, se você é católica, diga-me os dez mandamentos da lei de Deus".

Que golpe terrível! Ouviram? Eu sabia que eram dez mandamentos, mas, daí em diante, nada! Pensei: *Quarta-feira! O que vou fazer aqui?* Minha mãe sempre me falava do primeiro mandamento de amor. Finalmente me serviria para alguma coisa. *Vamos ver como me sairei nessa*, pensava. *Tomara que não se lembrem dos demais mandamentos.* Pensava em manipular a situação, como costumava fazer por aqui. Eu sempre tinha resposta para tudo, tinha a desculpa perfeita, e me justificava e me defendia de tal maneira que ninguém perceberia o que eu não sabia. Então comecei a dizer: "O primeiro: amar a Deus sobre todas as coisas e ao próximo como a si mesmo". "Muito bem", me disseram. "Você O tem amado?" E eu respondi: "Sim, eu sim, eu sim!" Então me disseram: "Não!"

Nesse momento, senti a corrente elétrica daquele raio, porque não havia percebido em que parte o raio me caíra, não sentia nada. Então me disseram: "Não! Você não tem amado ao seu Senhor sobre todas as coisas, e muitíssimo menos ao próximo como a si mesma. Você fez um deus e o acomodou à sua vida só nos momentos de necessidade! Você se prostrava diante Dele quando era pobre, quando sua família era humilde, quando queria se tornar uma profissional! Aí sim, todos os dias você rezava e se prostrava tempos inteiros, horas inteiras suplicando ao seu Senhor! Orando e pedindo que Ele a tirasse da pobreza e permitisse que fosse uma profissional, que fosse alguém! Quando tinha necessidade ou queria dinheiro, então rezava um rosário ao Senhor. Essa era a relação que você tinha com o Senhor!" Eu via o meu Senhor de verdade com tristeza.

Hoje comento que minha relação com Deus era de "caixa automático". Eu rezava um rosário e tinha que aparecer dinheiro, essa era minha relação com Ele. E me mostraram que, tão logo o Senhor me permitiu ter uma profissão, tão logo comecei a ter um nome e a ganhar dinheiro, o Senhor começou a me parecer "pequenininho", e comecei a ficar orgulhosa. Nem sequer expressava uma mínima relação de amor com o Senhor. Ser agradecida? Jamais! Nem sequer abria os olhos dizendo: "Senhor, obrigada por este dia, obrigada por minha saúde, pela vida dos meus filhos, pela minha casa. Coitadinhos dos que não têm casa nem comida, Senhor!" Nada. Era muito mal-agradecida.

E a voz seguiu dizendo: "Além disso, você pôs o Senhor num nível tão baixo que acreditava mais em Mercúrio e em Vênus para ter sorte, andava cega pela astrologia, dizendo que os astros conduziam sua vida. Começou a andar em todas as doutrinas que o mundo oferecia. Começou a acreditar que você simplesmente morreria e voltaria para recomeçar. Você se esqueceu da graça, que custou um preço de sangue ao seu Senhor". Então me fizeram um exame dos dez mandamentos. Mostraram-me que eu dizia que adorava, que amava a Deus com minhas palavras, mas na verdade eu adorava Satanás. Porque ia ao meu consultório uma senhora que fazia "mandingas", e eu dizia: "Eu não acredito nisso, mas pode fazer, porque, se não fizer bem, mal tampouco fará". E ela fazia suas "mandingas" para dar boa sorte. Ela havia posto, num canto em que não se podia ver, uma penca de aloés com uma ferradura, para afastar as más energias.

Vejam tudo isso, que vergonhoso! Fizeram uma análise da minha vida com base nos dez mandamentos, me mostraram como atuei em relação ao próximo, como dizia a Deus que o amava quando ainda não havia me afastado Dele. Quando ainda não havia começado a andar no ateísmo, eu dizia: "Meu Deus, eu te amo!" Mas, com a mesma língua que louvava ao Senhor, eu falava mal de todo mundo, criticava, apontava com o dedo, sempre a "santa Gloria". Mostraram-me que eu dizia que amava a Deus, mas era uma invejosa, mal-agradecida. Jamais reconheci todo o esforço e o amor, a entrega de meus pais para me possibilitar ter uma profissão, para me levantar. "Tão rápido você alcançou uma profissão, mas até seus pais já não tinham importância, a ponto de chegar a se envergonhar de sua mãe, pela humildade e pela pobreza dela." Meu coração era de pedra... No exame dos dez mandamentos, não passei nem em meio.

Quando me falaram, por exemplo, do segundo mandamento, vi que eu, pequenina, infelizmente aprendi que, para evitar os castigos da minha mãe, que eram bastante severos, as mentiras eram excelentes, então comecei a caminhar com o pai da mentira (Satanás) e a me tornar mentirosa. À medida que meus pecados iam crescendo, as mentiras iam aumentando. Percebi que minha mãe respeitava muito o Senhor, e para ela o nome do Senhor era santíssimo, então pensei: *Aqui tenho a arma perfeita*. E comecei a jurar em vão e a dizer: "Mãe, eu juro por Deus!", assim evitava os castigos. Imaginem, quando mentia eu colocava o santíssimo nome do Senhor em minhas porcarias, em minha imundície, porque eu estava tão cheia de sujeira e de pecado...

E vejam, irmãos, aprendi que as palavras não se perdem ao vento. Quando minha mãe ficava irredutível, eu lhe dizia: "Mãe, que me parta um raio se estou mentindo!" A palavra vagou pelo tempo e vejam que por misericórdia de Deus estou aqui, porque o raio entrou em mim, me partiu praticamente ao meio e me queimou.

Mostraram-me como eu, que me dizia católica, era uma pessoa que não tinha palavra e sempre me antepunha ao santo nome do Senhor. Fiquei impressionada ao ver como o Senhor mostrava a todas as criaturas essas coisas espantosas e elas se prostravam ao chão, numa adoração impressionante. Vi a santíssima Virgem prostrada aos pés do Senhor, orando por mim, em extrema adoração, e eu, pecadora, com minha imundície, cara a cara com o Senhor. Como fui "tão boa", renegando e maldizendo o Senhor...

Sobre santificar as festas, foi espantoso. Senti uma imensa dor. A voz me disse que eu dedicava de quatro a cinco horas ao meu corpo e nem sequer dez minutos diários de profundo amor ao Senhor, de agradecimento ou de oração. Dediquei-me a cuidar do corpo, me tornei escrava dele e me esqueci de um detalhe: que tinha uma alma e que jamais cuidara dela, nunca a alimentara com a palavra de Deus, porque, muito comodamente, eu dizia que quem lia a palavra de Deus ficava louco.

Quanto aos sacramentos, nada! Como eu poderia me confessar com "esses velhos que são piores do que eu"? Para mim, era muito cômodo não confessar. O maligno me tirou da confissão e assim me afastou da cura e da limpeza da minha alma, porque, cada vez que eu cometia um pecado, não era grátis. Satanás punha, dentro da brancura de minha alma, sua marca, uma marca de trevas. Só na primeira comunhão fiz uma boa confissão; daí por diante, nunca mais fiz, e recebia o Senhor indignamente. Chegaram a tal ponto a blasfêmia, a incoerência da minha vida que cheguei a dizer: "Que santíssimo? Deus está vivo num pedaço de pão?" Jamais alimentei minha alma e, para completar, só sabia criticar os sacerdotes.

Sobre o quarto mandamento, honrar pai e mãe, o Senhor me mostrava, conforme já comentei, como havia sido mal-agradecida com meus pais, como os amaldiçoava e os renegava porque não podiam me dar tudo que minhas amigas tinham. Como fui uma filha que não valorizava o que tinha. Cheguei a ponto de dizer que aquela não era minha mãe, porque parecia muito pouco para mim.

Foi espantoso ver o resumo de uma mulher sem Deus, e como uma mulher sem Deus destrói tudo que a rodeia. E ainda por cima – o que é o pior de tudo – eu achava que era boa e santa! O Senhor também me mostrou como eu achava que me sairia bem nesse mandamento, só pelo fato de haver pago as consultas médicas e os remédios dos meus pais quando ficaram doentes. Mostrou-me também como eu analisava tudo pelo dinheiro e como os manipulei quando tinha dinheiro. Até me aproveitei deles. O dinheiro me endeusou e eu os pisoteei.

Comecei a defender o aborto, a eutanásia, o divórcio e a lei de talião, aquela que diz: "Olho por olho, dente por dente". Nunca fui infiel fisicamente, mas prejudiquei muita gente com meus conselhos.

Quando chegamos ao quinto mandamento, o Senhor me mostrou que eu era uma assassina espantosa e que cometera o pior e mais abominável crime diante dos olhos de Deus: o aborto. O poder que o dinheiro me deu me serviu para financiar vários abortos, porque eu dizia: "A mulher tem direito de escolher quando quer ficar grávida ou não". Olhei o Livro da Vida e me doeu tanto quando vi uma menina de 14 anos abortando. Eu a havia ensinado, porque vocês sabem que, quando uma pessoa está envenenada, nada está bom e tudo que está ao redor dela se envenena. Três sobrinhas minhas e a namorada do meu sobrinho abortaram. Eu as deixava ir à minha casa, porque eu tinha dinheiro. Eu as convidava, falava de moda, de *glamour*, de como exibir o corpo. Minha irmã as mandava ir. Vejam como eu as prostituí, prostituí menores, que foi outro pecado espantoso, depois do aborto, porque eu lhes dizia: "Não sejam bobinhas, minhas filhas. A mãe de vocês lhes fala de virgindade e de castidade, mas isso está fora de moda. Elas falam de uma Bíblia que foi escrita há mais de dois mil anos, e os sacerdotes não quiseram se modernizar. Elas falam o que diz o papa, mas esse papa está fora de moda".

Imaginem meu veneno. Eu ensinei a essas meninas que tinham que aproveitar, desfrutar do corpo, mas que deviam se prevenir. Ensinei-lhes os métodos de contracepção. Aquela menina de 14 anos, namorada do meu sobrinho, chegou um dia ao meu consultório chorando (eu vi no Livro da Vida) e me disse: "Gloria! Ainda sou criança e estou grávida!", e eu respondi: "Tonta! Eu não ensinei você a se prevenir?" E ela me disse: "Sim, mas não funcionou". Então olhei, e o Senhor colocou essa menina diante de mim para que não afundasse no abismo, para que não fosse abortar, porque o aborto é uma corrente que pesa tanto, que arrasta e pisoteia, é uma dor que nunca acaba, é o vazio de ter sido uma assassina. E o pior para essa menina foi que, em vez de lhe falar do Senhor, eu lhe dei dinheiro, para que fosse abortar num lugar muito bom, para que não a prejudicassem. Assim como esse aborto, financiei vários outros.

Cada vez que o sangue de um bebê se derrama, é como um holocausto a Satanás, é um holocausto. Ao Senhor dói muito. Ele estremece cada vez que se mata um bebê, porque, no Livro da Vida, vi como nossa alma se apodera de nosso corpo somente quando se tocam o óvulo e o espermatozoide, surgindo o bebê como uma faísca linda de luz, colhida do sol de Deus Pai. Tão logo é fecundado, o ventre da mãe se ilumina com o brilho dessa alma. Quando se aborta, essa alma grita e geme de dor. Ainda que ela não tenha olhos nem um corpo formado, pode-se escutar esse grito quando a estão assassinando, e o céu estremece. No inferno se escuta outro grito, de júbilo, e imediatamente se abrem uns tipos de selos, de onde saem larvas para seguir assediando a humanidade, fazendo-a escrava da carne e de todas essas coisas que existem e que estarão cada dia pior.

Quantos bebês são mortos por dia? Isso é um triunfo para Satanás. Esse preço de sangue formava mais um demônio, então me lavava nesse sangue e minha alma branca começou a ficar absolutamente escura. Depois dos abortos, perdi a convicção do pecado. Para mim estava tudo bem. Era a razão que explicava meu constante mau humor, minhas caras feias; eu vivia frustrada com todos e com muita depressão.

Claro! Eu havia me tornado uma máquina de matar bebês. E isso me afundou mais no abismo. Eu pensava: *Como que não havia matado?*

E o que dizer de cada pessoa que eu odiava, que eu detestava? Continuava sendo uma assassina, porque não é só com um disparo que se mata uma pessoa, basta odiá-la, fazer-lhe mal, ter inveja dela. Com isso já se pode matá-la.

Quanto ao sexto mandamento, de não pecar contra a castidade, eu disse: "Aqui não vão me falar de nenhum amante, pois, por toda a vida, só tive um homem, que é meu marido". Então me mostraram que, cada vez que eu estava com os seios à mostra e o corpo realçado pelas roupas insinuantes, incitava os homens a me olhar e a ter maus pensamentos, e eu os fazia pecar. Foi assim que entrei no adultério.

Eu aconselhava as mulheres a ser infiéis e lhes dizia: "Não sejam bobas, divorciem-se, não os perdoem". Já com isso estava cometendo um abominável adultério. E me dei conta de que os pecados da carne são espantosos e condenatórios, mas o mundo nos incita a atuar como animais. Infelizmente me soltei da mão do Senhor, porque os pecados estão nos pensamentos, na alma e nas ações de cada pessoa. Foi tão doloroso ver todo esse pecado, por exemplo, o pecado do adultério do meu pai, que causou tanto dano e desgarrou seus filhos. A mim causou ressentimento contra os homens, e meus irmãos se transformaram em três fiéis fotocópias do meu pai, felizes por ser "muito machos", mulherengos e alcoólatras... Eles não percebiam como prejudicavam seus filhos. Por isso meu pai chorava com tanta dor, ao ver como seu pecado havia sido herdado por eles, por mim, prejudicando assim toda a obra de Deus.

Dou graças a Deus pelo que vivi! Porque, quando abrirem o Livro da Vida a cada um de vocês, quando cada um de vocês morrer, viverão este momento de igual maneira e vão se ver tal como são, vão ver seus pensamentos e sentimentos na presença de Deus. E o mais bonito é que cada pessoa verá o Senhor diante de si, outra vez perguntando o que temos a lhe oferecer.

Que o Senhor abençoe a todos grandemente.

Glória a Deus! Glória a Nosso Senhor Jesus Cristo!

16

O NÓ DE RECUSAR DEUS E A VIRGEM MARIA EM SUA VIDA

Um dos mais tristes espetáculos a que já assistimos pela televisão foi um grande terremoto ocorrido no Japão e todas as suas terríveis consequências. Além dos tremores de terra, das paredes das casas se quebrando por inteiro, das estradas se rachando ao meio, das pessoas desesperadas gritando pelas ruas, vieram os *tsunamis*. Enchentes avassaladoras invadiram estradas, casas, campos de cultivo preparados por meses e meses, com grande sacrifício e esforço. Milhares de carros foram arrastados, como frágeis brinquedos de papel.

Todas as coisas que pareciam tão grandes e seguras, que custaram tão caro, que consumiram tanto tempo para ser construídas, que exigiram enormes sacrifícios, renúncias de vida, que talvez tenham causado brigas, invejas, vaidades, ganância, amor... tudo virou nada, em poucos segundos, um vazio e silencioso nada.

Em momentos como esse, pensamos em nosso socorro, em nosso Deus. E então Deus fala:

> *Aquele, pois, que ouve estas minhas palavras e as põe em prática é semelhante a um homem prudente, que edificou sua casa sobre a rocha. Caiu a chuva, vieram as enchentes, sopraram os ventos e investiram contra aquela casa; ela, porém, não caiu, porque estava edificada na rocha. Mas aquele que ouve as minhas palavras e não as põe em prática é semelhante a um homem insensato, que construiu sua casa na areia. Caiu a chuva, vieram as enchentes, sopraram os ventos e investiram contra aquela casa; ela caiu e grande foi a sua ruína* (Mt 7,24-27).

Comparemos esse terrível terremoto à nossa vida espiritual. Sobre o que você está construindo sua vida? Porque os terremotos e *tsunamis* virão até nós, inevitavelmente. Na vida de alguns, menos violentos; na de outros, terríveis. Você já fez sua escolha? Está construindo sua vida sobre a areia movediça ou sobre a rocha?

Existem pessoas que excluem Deus de sua vida e, embora se sintam seguras hoje, não serão poupadas dos terremotos e das catástrofes espirituais a que todos nós estamos expostos. Correm atrás do prazer que viverão por pouco tempo. Não incluem Jesus em sua agenda, tampouco Nossa Senhora, a Rainha. Nessa recusa está a fonte de todos os nós de nossa vida.

Por isso Deus nos convida a ir até Ele, porque Ele nos protegerá. Pare de recusar Deus em sua vida, porque Ele garante que é o único que pode proteger você. Aproxime-se Dele, venha conhecer Seu poder e Sua doçura. Venha inspirar o perfume divino e experimentar a paz, o descanso da alma. Traga a Virgem Maria para sua vida, porque amor de Mãe é insubstituível.

Um dia, eu, Suzel, como médica, atendi no hospital uma mulher acometida por um câncer devastador, sem possibilidade de cura. Abri a porta do consultório pensando que encontraria uma mulher, como tantos outros pacientes, cabisbaixa, triste, calada. Mas minha surpresa foi grande, e a experiência que tive com essa mulher, inesquecível. Ela entrou sorrindo, sentou-se diante de mim e trazia nos olhos um brilho indescritível, uma luz fascinante, que atingiu enfermeiros, médico, todos na sala de consulta.

Ela me olhou e disse, sorrindo: "Eu estou bem, doutora. Fique tranquila! Sei o que tenho, quanto o câncer se espalhou, mas estou bem e feliz, porque Jesus está comigo. Não tenho medo, estou preparada para partir, porque Jesus está comigo".

Ela estava transparente de Deus. Escolheu a melhor parte, que nunca lhe será tirada, nem mesmo ao passar pelo terrível terremoto do câncer. Nada a abalou, porque ela edificou sua vida sobre a rocha. Poucas semanas depois, partiu com uma serenidade indescritível para a eternidade. O que mais me impressionou nessa mulher foram seu olhar luminoso e sua sensatez.

O Senhor Jesus nos revela que temos uma escolha espiritual a fazer, pois só há dois caminhos. E mais, Ele nos ensina que a escolha deve ser feita com sensatez, confiança total, lucidez, caso contrário seremos devorados pela areia movediça.

Escolha a vida! Escolha a vitória! Não recuse, aceite o convite e encontre Jesus e Sua Mãe santíssima. Não adie sua escolha. Só Eles podem proteger você.

Onde quer que você esteja, pare, procure um lugar silencioso e fale com Jesus. Ou então procure visitá-Lo em uma capela e fique diante do Santíssimo por alguns segundos. Diga a Jesus e a Sua Mãe, Maria santíssima, que você quer um sinal do céu, uma graça, a graça de sentir no coração o imenso amor que Ele tem por você. E aguarde, porque as bênçãos virão.

Imagine um barco sem o piloto. O que acontecerá com ele ao ser lançado ao mar?

"Ai do navio, se lhe falta o piloto", diz São Macário em uma de suas homilias, "sacudido pelas ondas e tempestades do mar, naufragará! Ai da alma que não tiver em si o verdadeiro piloto, o Cristo! Porque lançada na escuridão de mar impiedoso e sacudida pelas ondas das paixões, jogada pelos maus espíritos como em tempestade de inverno, encontrará afinal a morte".*

---

* Hom. 28, p. 34, 710-711.

E sua Mãe, escada pela qual Jesus quer descer até sua vida, está aí, esperando que você A visite. Como se alegra uma mãe com a visita de um(a) filho(a). E que delícia é saborear o que ela nos oferece nesse momento.

Vá, dê a direção de seu barco ao verdadeiro piloto. Deixe-se conduzir por Ele nas águas transparentes de alto-mar. E então lance suas redes. Você ficará surpreso(a), porque os grandes cardumes só estão em alto-mar.

Dirija-se a um lugar silencioso e ore.

ORAÇÃO PARA DESATAR O NÓ DE RECUSAR DEUS E A VIRGEM MARIA EM SUA VIDA

Mãe santíssima, Nossa Senhora Desatadora dos Nós, volta para mim os Teus olhos misericordiosos e cheios de lágrimas, porque Tu, como minha Mãe, sofres ao me ver longe de Ti, privado(a) da Tua extraordinária companhia, me desgastando tanto sozinho(a), desprezando o Teu auxílio tão sutil, mas tão poderoso.

E eu, quantas alegrias tenho deixado escapar por entre os dedos com isso. Quantas coisas aconteceram que me afastaram de Deus e de Ti. Tantas coisas, Mãe, me afastaram de Deus porque não as compreendi e O culpei. Tantas decepções as pessoas me causaram, e eu, mais uma vez, culpei Deus. Fui ferido(a) pelos homens sem Deus e acabei me tornando um deles.

Estou cansado(a), cheio(a) de nós, acordo estressado(a), sem paciência, sem vontade de sorrir, e me sinto extremamente só. Meus músculos doem, o peso desta vida me maltrata, porque tenho recusado dividir meu fardo com meu melhor amigo, que ironia, com meu próprio Salvador, e Contigo, Mãe, que me conheces como ninguém.

Hoje me chamas porque não queres mais me ver vivendo assim. Dizes-me que o melhor de todos os pilotos foi pago, com preço altíssimo, para dirigir meu barco e me ensinar a construir tranquilamente minha vida sobre a rocha.

Mãe, toma-me em Teus braços e cuida de mim. Estou cansado(a) demais. Faze-me companhia hoje e sempre. Fica comigo, fala-me do Teu Filho, Jesus, e ensina-me a amá-Lo.

Desata este nó que carrego no mais profundo do meu peito, a falta de fé, e gera-me um(a) homem(mulher) novo(a), vigoroso(a) e amigo(a) de Deus.

Mãe amada, Nossa Senhora Desatadora dos Nós, roga por mim.

Amém!

TESTEMUNHO

Vivia uma vida de aventura, tinha muito dinheiro e todas as mulheres que queria conquistar. Eu não aceitava a palavra "não", e hoje vejo que meu orgulho era enorme.

Certo dia, fora do Brasil, aluguei um carro para fazer uma viagem à África. Atravessando as estradas da Tunísia, de repente vi tudo rodar – meu carro estava capotando, capotando, e depois de algum tempo tudo apagou. Fui socorrido, depois de um longo tempo acordei e, ao olhar o carro, vi que dele nada sobrara, exceto eu.

Fui levado a um hospital, onde fiquei internado alguns dias, e imediatamente voltei ao Brasil, pois necessitava fazer uma cirurgia urgente no ombro luxado. Alguns dias antes da cirurgia, fui levado por minha irmã ao Santuário Nossa Senhora Desatadora dos Nós e diante Dela, a Virgem Mãe, passei horas revendo meu acidente e minha vida.

Por que eu estava vivo? Por que aquela imagem agora me fazia chorar, dobrar os joelhos, pedir perdão, ver que, de tudo o que vivera antes, parecia não ter sobrado nada, como aquele carro?

Nossa Senhora Desatadora dos Nós flechou meu coração adormecido, e minhas recusas a tudo o que era divino e sagrado se desfizeram ali naquele dia, porque fui salvo pelo céu e a mim me foi dada uma segunda chance. Obrigado, Mãe querida.

A.S.

PALAVRAS FINAIS

Temos vivido uma experiência extraordinária do amor de Deus por nós através de Nossa Senhora Desatadora dos Nós. De todos os lados do Brasil e do mundo, recebemos testemunhos de pessoas que tiveram seus nós desatados por Ela.

Traduzida em doze idiomas, a novena, suplicando a Ela que desate nossos nós, tem feito maravilhas, porque o amor Dela ultrapassa qualquer fronteira para atingi-lo(a), para que, ao vê-La desatar os nós de sua vida, você descubra quanto é amado(a) por Jesus e por Ela.

Realmente não há barreiras nem fronteiras que impeçam você de se encontrar com Nossa Senhora Desatadora dos Nós. Tudo fica pequeno, reduzido a quase nada, diante da força desse amor, o amor que essa Mãe tem por você.

Leia a história real a seguir e você compreenderá, mais uma vez, a força do amor de Nossa Senhora Desatadora dos Nós por seus filhos, que ultrapassa todas as fronteiras e vence toda e qualquer barreira humana.

NOSSA SENHORA DESATADORA DOS NÓS NA ONU

Recentemente, alguns dias antes de viajar para os Estados Unidos a fim de dar a conhecer Nossa Senhora Desatadora dos Nós, eu, Denis, recebi uma carta de um amigo que mora na França, de quem não tinha notícias havia muito tempo.

Na verdade, não sei bem como ele soube que eu iria para lá, mas na carta ele me dizia: "Denis, se você for a Nova York, gostaria muito que conhecesse minha filha, que trabalha na ONU". E me deu o telefone dela.

Esse pedido me tocou o coração de imediato e, apesar de ter vários amigos nos Estados Unidos, fui tomado por um impulso particular e de Campinas mesmo entrei em contato com Daniela, a filha do meu amigo.

Trocamos alguns *e-mails* até o dia da minha partida, nos quais lhe contei as maravilhas que Nossa Senhora Desatadora dos Nós estava fazendo no meio de nós. Percebi que ela mostrava grande disponibilidade em me ajudar a difundir essa devoção nos Estados Unidos.

No dia em que iria embarcar, recebi um *e-mail* de Daniela: "Denis, você estaria interessado em falar sobre Nossa Senhora Desatadora dos Nós na ONU (Organização das Nações Unidas)?" Naquele momento, entendi a carta do meu amigo, Daniela em Nova York... Ah, Mãe amada... você estava querendo ir à ONU! Com o coração vibrando de alegria, não hesitei em dizer: "SIM!" Que honra, Rainha, ser seu servo também lá!

Diante de tudo que está se passando naquele país desde os ataques de 11 de setembro de 2001 até hoje, em relação ao combate ao terrorismo, um único pedido saltava dentro de mim: "Se queres ir à ONU, conta comigo, Mãe, mas Maria, passa na frente!" E parti com o coração tranquilo.

Chegando aos Estados Unidos, eu tinha uma programação já esquematizada, pregando a cada noite em uma igreja. Em uma dessas noites, porém, encontrei Daniela, que me apresentou a amigas que também trabalhavam na ONU e me pediram mais detalhes sobre a palestra que eu faria, solicitando-me que aguardasse suas instruções futuras.

No dia combinado, logo de manhã, tocou o telefone. Era Daniela. Completamente desapontada, disse que infelizmente tudo estava cancelado, pois o responsável pelo auditório se recusou a cedê-lo e preferiu marcar outra reunião no mesmo horário.

Aceitei o contratempo com serenidade, sabendo que Maria é dona das salas do mundo inteiro, incluindo as da ONU, e que, se Ela quer entrar em algum lugar (ali trabalham mais de sete mil pessoas), nenhuma porta se fecha.

Passaram-se três dias. O telefone tocou no quarto dia, bem cedo. Eu ainda estava em Nova York. "Denis, você aceita pregar hoje ao meio-dia na ONU para nos fazer conhecer Nossa Senhora Desatadora dos Nós? Uma amiga o estará esperando na calçada em frente à ONU", disse Daniela.

Era chegada a hora! Meus amigos nova-iorquinos me levaram de carro e durante todo o trajeto não paramos de recitar o terço e dizer: "Maria, passa na frente e desata os nós dos que te conhecerão hoje na ONU!"

Chegando lá, logo depois de estacionarmos o carro, apareceu uma moça extremamente elegante, originária de Cabo Verde, que nos avisou que Daniela logo chegaria. Daniela apareceu em seguida e nos contou que uma reunião que havia sido planejada para determinada sala naquele dia fora curiosamente cancelada. Por isso havia um lugar disponível. Ela disse que havia conseguido aquela pequena sala do meio-dia à uma da tarde, mas era absolutamente imperativo deixar a sala na hora marcada, porque haveria outra conferência depois.

Para não perder mais tempo, fui retirando do carro um tubo de três metros de comprimento, que guardava um imenso pôster de Nossa Senhora Desatadora dos Nós, e minha maleta, onde levava a novena em doze idiomas. Daniela arregalou os olhos e perguntou:

– Você precisa de tudo isso?

Respondi:

– Sim, mas fique tranquila!

Antes de cruzar a rua, porém, para nos dirigir às portas de entrada da ONU, que estava cheia de guardas, eu disse àqueles que me acompanhavam que não se preocupassem, pois eu passaria na frente, porque tinha um meio seguro, inabalável, infalível para derrubar as barreiras experimentadas no decorrer de dezenas de viagens internacionais e em minha vida pessoal. Uma frase curtíssima, de quatro palavras, mas repleta de poder: "Maria, passa na frente!" Enquanto caminhávamos, cada passo era acompanhado de: "Maria, passa na frente!"

Tínhamos um problema difícil a ser vencido. Não estávamos em um lugar qualquer. Tratava-se da Organização das Nações Unidas, um dos lugares mais importantes do mundo, ponto de encontro dos que governam este nosso planeta para tomar decisões que podem mudar nosso destino, enfim, um lugar onde se reúnem os mais poderosos. Por essa razão, pode ser alvo de terroristas, por isso tínhamos que passar pelo rigor intenso de dezenas de guardas, especialistas em segurança, que com certeza nos barrariam. Mas... conseguiriam barrar a Mãe de Deus?

Como um grupo de desconhecidos entraria na ONU e atravessaria seus corredores, carregando um tubo de três metros de comprimento, sem ser barrado e preso? Você pode imaginar essa cena? Se a entrada de um único indivíduo no país já é cercada de cuidados especiais, o que aconteceria com aquele bando de loucos? Ah, santa loucura!

Mas nada nos detinha. Impulsionados por uma força extraordinária, seguíamos em frente.

O tubo, nada discreto, contendo uma imagem de Nossa Senhora de três por dois metros, já tinha passado por diversas inspeções em muitos aeroportos do mundo, e eu já tinha ouvido tudo que poderia ouvir a seu respeito.

Um dia, em Toronto, no Canadá, um oficial da alfândega me perguntou se eu carregava ali varas de pescar! Olhando-o bem nos olhos, respondi: "Sim, são varas de pescar homens, porque eu sou missionário". Os oficiais não poderiam imaginar que Nossa Senhora Desatadora dos Nós aguardava o momento certo para levar seus filhos amados a Jesus. A todos eles, desconfiados e excessivamente preocupados, respondi que eu carregava somente a Mãe de Deus, e, apesar de suas risadas sonoras, essa resposta os deixou ainda mais desconfiados, porque o tubo parecia mais um lança-foguetes que um estojo sagrado.

Naquele dia, porém, a Virgem Maria planejava estar na ONU, e nada nem ninguém a deteria, porque trata-se da "Mãe do Rei dos Reis, o tabernáculo de Deus sem limites, a glória resplandecente dos que creem, a coroa de fogo que conduz os homens para Cristo, a escada por meio da qual Deus desceu".* Por isso, seguíamos como um pequeno exército, dizendo: "Maria, passa na frente!"

Diante das portas da ONU, "Maria, passa na frente" foi nosso grito de guerra, porque as soluções para este mundo mortalmente ferido pelo pecado, que está agonizando, não são de ordem econômica ou financeira, mas principalmente de ordem espiritual. O homem moderno está cavando o próprio túmulo, porque se nega a viver ao lado de seu Deus. Essa negação nos leva ao caos internacional. As catástrofes mundiais, induzidas pelo egoísmo, pela falta de amor ao próximo, pela ambição, pelo suborno, pela ganância, pelo espírito de destruição, são reflexo da cegueira e da insensatez da humanidade, que pensa poder viver feliz longe de seu Deus e rejeitando a Sua palavra.

---

* Monastério de Santo Antão, o Grande, *Acathiste à la mère de Dieu, Petit horologion*.

"Maria, passa na frente!", clamamos juntos. Passamos pela primeira porta sem que nenhum detector de metal disparasse. Mas tínhamos ainda pela frente um escudo de guardas nos esperando. Eu ouvia meus amigos sussurrarem atrás de mim sem parar: "Maria, passa na frente!" Era uma bela tropa de gente, de todas as cores e raças, que acompanhava a Mãe de Deus, que estava entrando na ONU!

Daniela e sua amiga apresentaram o crachá aos guardas, e eu passei na frente deles como um filho de rei, inclinando a cabeça em sinal de respeito, sem parar de dizer: "Maria, passa na frente!" Passei tranquilamente, sem que eles me pedissem para abrir o tubo. Não é extraordinário o que nossa Mãe pode fazer? Então nos dirigimos ao elevador. Ali notei que algumas pessoas se apressaram em sair, olhando com desconfiança.

Era impossível explicar a elas que eu não carregava uma bazuca, mas a própria Mãe delas, que vinha ao seu encontro para desatar os nós de sua vida. E a porta do elevador se fechou. Estávamos no coração da ONU e no cérebro do mundo! A emoção de estar ali, levando a Virgem Maria, foi muito grande. Um elevador silencioso nos levou ao 16º andar.

Sem perder tempo, acompanhamos Daniela até a sala que nos foi liberada. Ali me comunicaram que eu poderia dispor do tempo que quisesse, porque a reunião da uma hora da tarde havia sido cancelada. Mais um sinal de Nossa Senhora Desatadora dos Nós, que parecia dizer: "Meus filhos, depois de todos os seus esforços, vocês poderão ficar o tempo que quiserem, para descobrir quanto eu os amo".

Na sala, encontrei, como sempre, dois ganchos para pendurar o grande pôster de Maria e aguardei alguns minutos para que os espectadores entrassem. Eram pessoas com postura, que pareciam perfeitamente educadas, de todos os países e continentes. Todas as cadeiras foram ocupadas, e logo vi que aquelas pessoas se levantavam para acolher outras, que não paravam de chegar.

Diante de meus olhos, eu tinha dois universos. Um – a ONU – humanamente poderoso, segurando as alavancas e as decisões do mundo inteiro, com imensos meios econômicos e financeiros, correndo atrás de soluções que nem sempre davam certo. E o outro – o divino – com a Mãe de Deus, Nossa Senhora Desatadora dos Nós, ali humilde, mas gigante, vindo trazer propostas de verdadeira libertação, soluções concretas e cheias de poder para restaurar e curar os homens, todos os Seus filhos, e desatar seus nós.

Ao iniciar, o silêncio foi total. Contei a bela história de Nossa Senhora Desatadora dos Nós e presenciei lágrimas em muitos olhos. Era palpável que o céu nos envolvia e inegável a santa presença da Mãe de Deus no meio de nós. As pessoas tinham os olhos de tal forma fixos em mim e no que eu lhes falava que eu podia sentir que, embora estivessem no país mais rico do mundo, elas tinham fome... muita fome de Deus.

Depois que encerrei a pregação, fui envolvido pelos presentes, que buscavam desesperadamente a novena de Nossa Senhora Desatadora dos Nós. E todos saíram sorrindo, encantados, pedindo-me para voltar o mais breve possível! Inglês, francês, espanhol, alemão, porto-riquenho, mexicano, americano... o povo de Deus estava ali, mas parecia não haver distinção de raça, porque todos tinham a mesma Mãe.

Em um dos lugares mais vigiados do mundo, não houve barreira alguma que nos impedisse de cumprir nossa missão. Nossa Senhora Desatadora dos Nós planejou visitar seus filhos na ONU e passou na frente, enfrentando todas as barreiras, que pareciam se derreter diante de nossos olhos, como a neve quando é chegado o verão.

Por essa razão, quando você tiver que enfrentar alguma barreira, diga antes: "Maria, passa na frente!" Peça com fé, chame por sua Mãe. Você verá maravilhas acontecerem!

Depois dessa experiência extraordinária com Nossa Senhora Desatadora dos Nós na ONU, entendi que a Virgem Mãe quer falar a linguagem do amor em todas as línguas, a todos os Seus filhos, onde quer que eles estejam, e é esse amor que desata qualquer nó que haja em nossa vida. Ela não quer que ninguém deixe de saber que não há nó que, em Suas mãos, não possa ser desatado. Obrigado, Mãe, por tão grande amor dedicado a cada um de nós, Seus filhos amados.

Realmente, essa experiência me tocou profundamente, pois compreendi que só não acontecem mais milagres em nossa vida porque limitamos demais o poder de Jesus Cristo e de nossa Mãe sobre os homens e sobre todo o universo.

Mas e depois de Maria desatar os seus nós, o que acontece? Você agradece, termina a novena, volta a viver sua vida e esquece do principal: pedir que Ela ate seu coração ao Dela e ao coração de Jesus, porque essa é a única maneira de não surgirem mais tantos nós em sua vida. É a única maneira de fazer a prevenção: amá-los, conhecê-los mais e deixar-se amar por eles.

Quando seu coração estiver atado ao coração de sua Mãe, Nossa Senhora Desatadora dos Nós, você vai renascer, ou seja, nascer de novo, sentindo que uma força jamais vista pulsa dentro do seu peito. É o coração Dela no seu! É o sangue de Jesus, como seiva, percorrendo, a partir do seu peito, todo seu ser. A partir daí, você passará a receber das mãos Dela todos os recursos necessários para viver de forma diferente, contando com a graça divina e saindo vencedor sempre, porque as mãos de sua Mãe são movidas pela força que sai do coração Dela. E essa força se chama amor.

Você estará protegido(a) de todo mal se estiver atado(a), guardado(a) no coração Dela. Nada poderá tirá-lo(a) dali, a não ser você mesmo(a).

Isso é um presente divino. Acima de tudo, fazendo parte do coração da Mãe, você se encontra ali com Jesus e passa a também fazer parte do coração Dele. Não é extraordinário o poder do amor de Deus por você?

Não tenha medo. Não dói nada ser atado(a) ao coração de sua Mãe. Você só vai ficar mais rico(a) de paz, alegria, sabedoria, força, com toda a preciosidade das virtudes Daquela que foi escolhida para ser a Rainha do paraíso! Por isso, é chegada a hora de você fazer o pedido mais importante a Ela, a súplica que deverá ser renovada, olhando-a nos olhos, todos os dias de sua vida:

Mãe amada, Nossa Senhora Desatadora dos Nós,
ata meu coração ao Teu e não me soltes jamais.
Amém!

ELA
NOS
RECONCILIA
COM
JESUS